〜「老後資金2000万円時代」を
豊かに生きる資産構築術〜

「もう生涯安心！」の資産づくり

人生100年時代の

「新・ライフプランニング」

株式会社クオリティライフ代表
ファイナンシャルプランナー　CFP®

能登 清文

kiyofumi noto

まえがき　～自分自身で生き残るしかない日本の未来～

本書を手に取っていただきありがとうございます。

著者の能登清文と申します。３作目の著書となる本書は、「ライフプランニング」をテーマに執筆いたしました。

私は保険業界と証券業界に身を置き、約１２００人の方のライフプランニングや資産運用・資産防衛に携わってきました。

ライフプランニングとは、簡単にいうと人生の夢や目標を実現するために、自分の人生の計画表をつくるということです。

人の一生には、様々なライフイベントがあります。

就職、結婚、子供の誕生、進学、親の介護、自分の老後・・・。

物心ともに豊かな生活を送っていくためには、一生を通じてお金の問題が切り離せません。ライフプランニングとは生涯のマネープランニングでもあります。

戦後からずっと、良い会社に入り、定年まで働くと退職金が支給され、老後は退職金と国の年金で生活できる、老後の病気は老人医療制度でほとんどがカバーされるという、会社と国に守られたライフプランが確立されていました。

しかし、令和のこれからの時代はどうでしょうか。

令和以前の平成時代に既に非正規雇用は増え、正社員であっても会社の都合でのリストラ・転職は当たり前となりました。運よく定年まで勤めあげたとしても、退職金が減額されたり、廃止したりする企業が当たり前の世の中となっています。

老後の収入の柱である年金も、受給開始年齢が60歳から65歳に引き上げになりました。そしていま、60歳で定年を迎えた場合、年金開始までの空白の5年間をどう過ごすかが問題になっています。

今後はさらなる受給開始年齢の引き上げも確実で、60歳以降も働き続けられる健康管理は当然のこと、人間性、専門知識を備えて働き続けられるように自分自身の価値を高めていく必要があると考えます。

厳しい現実を裏付けるかのように、令和へ元号が切り替わった5月、金融庁が公開した報告書案「高齢社会における資産形成・管理」では、老後生活に「資産寿命を延ばすことが必要」との記載がありました。「資産寿命を延ばす」とは、すなわち自分の老後資金は自己責任で準備していくということです。

もはや国の年金や社会保障システムでは、国民の老後生活を支え切れないため、早い時期から資産形成に取り組み、老後も資産運用を継続する必要があるということです。

ここ数年、日本でもインフレ傾向で、日常品や食材の物価は徐々に上昇してきていることは体感されているかと思います。もし、消費税10％の時代になったのならなおさらのことです。病気や入院時にかかる医療費の自己負担割合も上がる一方です。

これらのお金をどこから捻出すればよいのでしょうか。

その答えを本書ではお伝えしていきます。

「資産運用」と聞くと、難しそうに聞こえますが実際はそれほど難しいものではありません。以下の３つをおこなえばすぐに始められます。

・大富豪やお金持ちのお金との付き合い方を知る
（「人間繁盛、商売繁昌」の原理を知る）
・保険料をはじめとした家計の支出をできるだけおさえ積立する
・月に数万円でも、４～５％程度で無理のない利回りの資産運用にお金をまわす本書の内容を実践して、この通りに行動をおこなえれば、生涯安心どころか、悠々自適に夢や目標を叶えられるお金が貯まっていくはずです。

そして、老後も貯まったお金の何割かでもお金を運用し続けていけば、100歳になっても安心の資産を作り出すことができます。

本書はこのことについて、ゼロからわかりやすくご説明しています。

「お金は夢を叶える道具、そして、お金は家族を守ってくれる道具」

ファイナンシャルプランナーという仕事をおこなっている私はこう考えています。

お金が全てではありませんが、お金があれば解決できる問題がたくさんあることも事実です。また、お金の不安がなくなれば心が豊かになります。

自分が安心で幸福であれば、他人にも優しくなれて幸福を分け与えて共に幸福になれます。これからの超高齢化社会、老後も他人に喜びを与え合う、助け合う社会になれるはずです。

ぜひこの機会に、真剣にお金との付き合い方を考えていきませんか？

本書が皆様や日本の幸せな将来、老後への道標になれば幸いです。

能登　清文

◆目次◆

目次

第4章 令和時代で勝利する 新・100年ライフプランニング【損をしない保険活用編】

第5章 令和時代の老後を「豊か」に「健康」に生きる 新・100年ライフプランニング【老後、資産運用・資産防衛・・・将来編】

終章 「人間繁盛」にならないと、「商売繁昌」にはたどり着けない

第1章
生涯で使い切れない お金を残す!? “大富豪”の 資産の築き方とは?

1、全てが〝超〟繁盛！
バリ島に住む「大富豪の兄貴」のヒミツ

世の中には、生涯かかっても使いきれない資産を築く方もたくさんいます。

私たちはそのような方々を〝大富豪〟と呼びます。


そんな〝大富豪〟の一人を本書のスタートでご紹介しておきたいと思います。

その方は、「バリの兄貴」と呼ばれる方です。

代表作『大富豪アニキの教え』（ダイヤモンド社）はベストセラーとなり、2018年には『神様はバリにいる』というタイトルで映画化もされましたのでご存知の方も多いかもしれません。


兄貴は日本人ですが、バリに住んでいて不動産を中心に30社くらいの会社のオーナーをされている大富豪です。

私が実際にお会いした方の中で、最も人間繁盛、商売繁昌されている方のお一人です。

このバリの兄貴は具体的にどのようにして大富豪になられたのでしょうか。

ビジネス的な成功の経緯は数多くの兄貴の著作に譲りますが、ここでご紹介したいのは兄貴の成功の源、生き方の根本の部分です。


兄貴は、いつでもどこでも、徹底的に「人」を大切に、目の前の人のために一生懸命に尽くしていらっしゃいます。

バリ島に訪れる多くの客人を、毎日快くもてなしているのもその生き方の一環です。

これは兄貴が大富豪で余裕があるからではなく、まだ日本にいて若く貧乏だった時代から続けていることだそうです。

日本で吉本の黒服として薄給で働いていた時代、その頃も、給料をもらったら後輩にご飯をご馳走したりして、あっという間に給料のほとんどがなくなってしまったそうです。

それも見返りを求めるのではなく、ただ後輩が喜ぶようなことをしていただけ。その後の3週間は、食堂のおばちゃんに賄いを食べさせてもらい、なんとか過ごしていたといいます。つまり、「ただ相手を喜ばせたい一心」でお金と時間を使っていたそうです。

見返りなど求めずに、常に目の前の人を信頼し、その人の喜びを徹底的に追及し、尽くして、尽くして、尽くしまくる・・・そんな兄貴だからこそ、今も昔も、頼ってくる人が絶えないのでしょう。

人は無欲に尽くされると感激し、どこかでその恩に報いたい、と思うものです。

だからこそ、その後の不動産や事業の発展にどんどんご縁がつながり、結果として現在、数千億円の不動産資産を持つ大富豪になられたのです。

若い頃の兄貴は、周りの人達とのご縁に投資をしていたと言いかえることもできるでしょう。

いま、兄貴の家には毎日、世界中から色々な人が会いにきます。1人で自宅にいる日は1年間365日、全くないそうです。

それも1人2人ではなく、何人もの来客が常に家にいる状態で、兄貴が唯一1人になれるのは、トイレに行った時やお風呂に入っている時くらいだそうです。スーパー人間繁盛、そして商売も非常に繁昌されています。

〝超〟人間繁盛、そして商売も〝超〟繁昌される理由はここにあると思います。

・バリの兄貴の生き方を学べる『アニキリゾートライフ』DMMオンラインサロン
https://lounge.dmm.com/detail/676/

2、兄貴やお金持ちたちの財務諸表とは

では、一人の大富豪としての兄貴の財務諸表を考えてみましょう。

現在、兄貴は給料で雇われているのではなく、不動産や複数の会社のオーナーという立場で、不動産収入や会社の株の配当金が収入源となっています。

このように給与ではなく、「資産から生まれる収入で生活できる方々」が、いわゆる大富豪と言われる方々です。

その次に、大富豪とまではいかないまでも、一般的にお金持ちと言われている方々の財務諸表です。

「お金持ち」レベルの方は、結構皆さんの周りにもいらっしゃるのではないでしょうか。仕事は会社の経営者、あるいは高給の勤め人などです。仕事からの収入以外にも不動産や株、債券などの資産もお持ちで、資産からの収入もあるという状態です。

毎月貯金や積み立て、株やドルの債券を買うなど、資産となるものに投資することによっ

大富豪の財務諸表

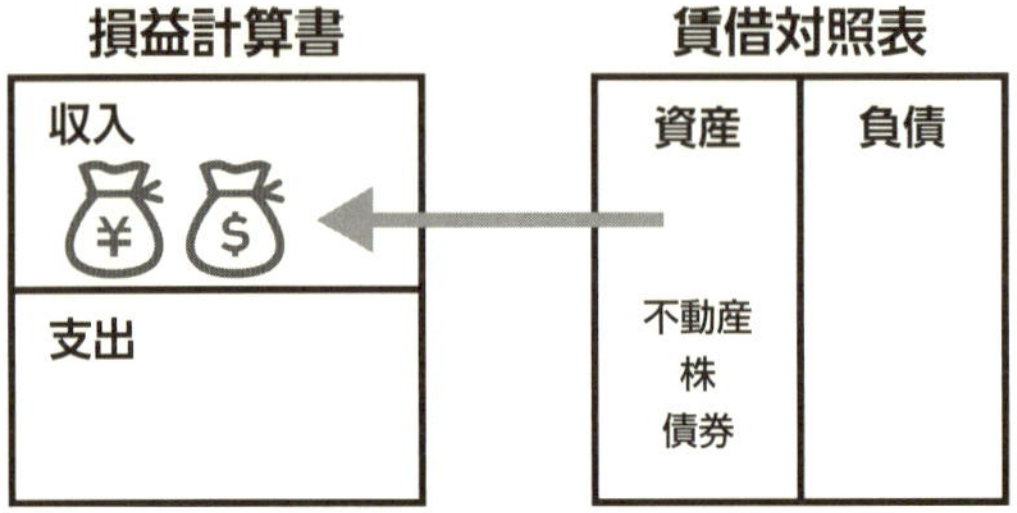

お金持ちの財務諸表

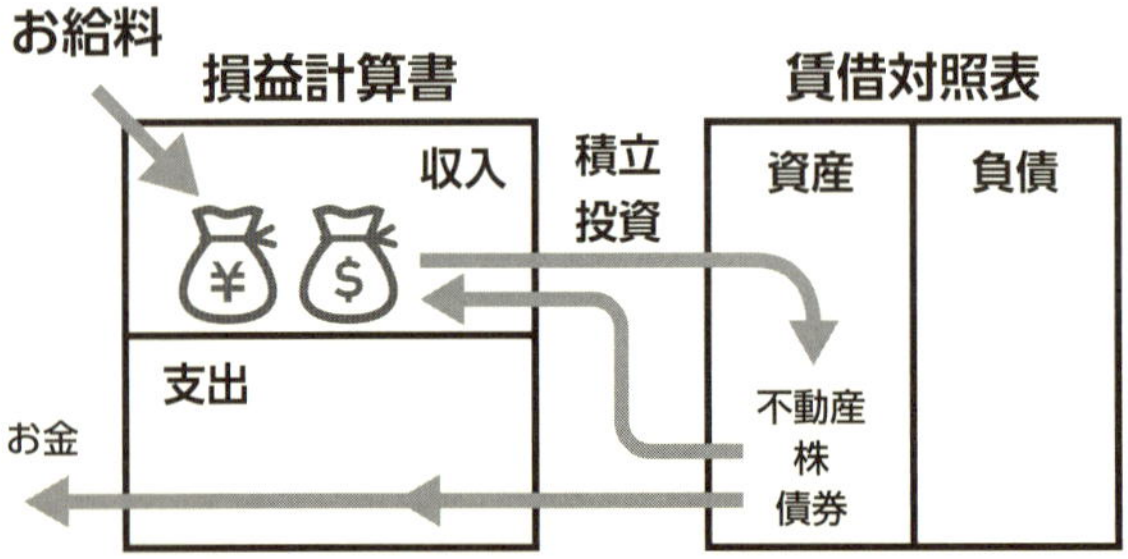

て、次第に資産から得られる収入が増え、大富豪の財務諸表に近づいていきます。

お金持ちの方々は、皆さん積極的に人に会う場に赴いて、世の中と交流し勉強しながら、お得な情報を得ていることが多いです。

そこで得た情報をもとに、毎月貯金や積み立てをしたり、株や不動産やドルの債券を買うなど、資産となるものに投資されているのです。

本書のテーマである、生涯の資産づくりのためには、じっと一人で座学を続けるだけではなかなか難しいのです。

とにかく一人でも多くの方に出逢い、ご縁を育み「人間繁盛」になること。そしてその方々より一つでも多くの本物のお話しを聞いて「商売繁昌」につなげること。

多くのお金持ちに出逢った経験より、この流れが必須だと私は強く感じています。

3、お金持ちの損益計算書

お金持ちの損益計算書

損益計算書

収入	【勤労所得】
	【不労所得】 （株・債券・不動産・不労所得となるビジネスからの所得）
支出	【投資】 （株・債券・不動産投資）
	【浪費＋消費】 （税金・家賃・食費・交通費・衣料費・交際費等）

次に損益計算書です。損益計算書とは、一定期間の収入と支出の状態を一覧にまとめた表です。

出ていくお金の中には、浪費や消費の部分（交通費や食費、交際費など）と、貯蓄や投資の部分（株・債券・不動産など）があります。毎月の支出の無駄を減らし、できるだけ貯蓄や投資へ振り分けることがお金持ちへの第一歩になります。

株・債券・不動産などの「資産」とは、配当や利子や家賃、あるいは売却時の差益などで、あなたに収入をもたらしてくれるものです。そして資産からの収入をまた投資することにより、さらに資産が増えていくことになります。

そして、いつしか毎月の給料（自分の労働収入）に頼らなくても資産からの収入だけで生活ができるようになります。

先ほどのバリ島の兄貴もそうですが、この状態になった方が、いわゆる大富豪といわれる方々なのです。

4、”なぜか“赤字な人の財務諸表と損益計算書

次にご紹介するのは、”なぜか“お金持ちになれずに、赤字なままの方の財務諸表と損益計算書です。

特徴は、入ってきたお給料は毎月全部使ってしまって、全く蓄えていないことです。恐ろしいことに、入ってきた収入が全て支出となっている状態です。

例えば、毎年300万円の収入があったら、300万円全てを使ってしまいます。

決して、無駄遣いはしていないつもりでしょうが、税金、家賃、食費、交際費や交通費など、そんなものに〝なぜか〟全部消えてしまう・・・。

これが〝なぜか〟赤字の人の毎年の損益計算書のパターンです。

ですから図の資産というところにお金が全く入っていきません。これでは、いくら給料、収入を上げても、お金は貯まりません。

お金持ちになるためには、まずお金の使い方を考える必要があります。

最初に、資産を意識することから始めることです。そしてそこに対して毎月かならず少しでも投資する、積み立てをするなどして資産を増やす道筋をつけていきます。

この〝なぜか〟赤字の人の財務諸表は、年収が少ないほど陥りがちなパターンですが、収入が多ければ大丈夫かといえば、そうでもありません。

私のサラリーマン時代。もう15年前のことになりますが、運が良いことに日本で1番給料が高いといわれている会社で働かせていただいておりました。

先輩や後輩は、年収1千万、2千万といった、かなり高額な給料をもらっていました。

"なぜか"赤字の人の財務諸表

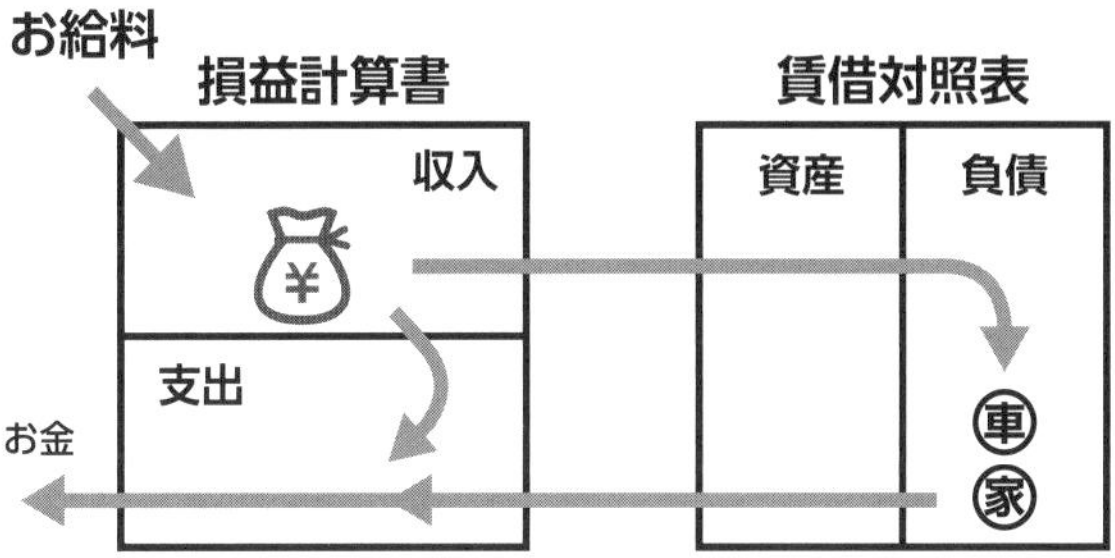

"なぜか"赤字の人の損益計算書

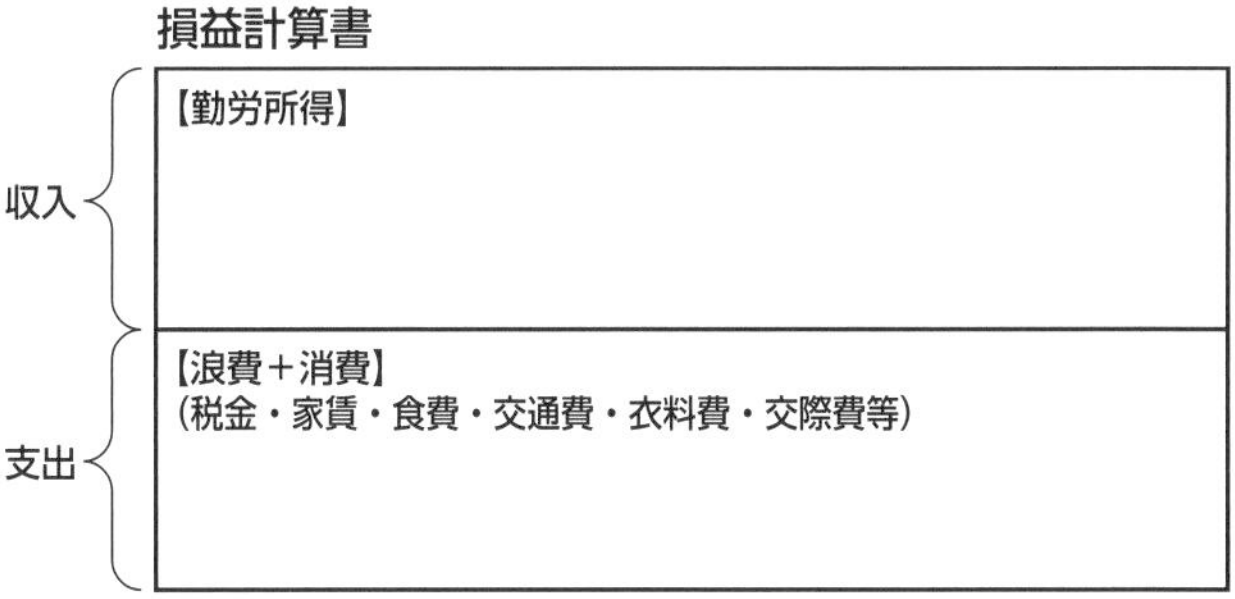

しかし、それだけの高給にもかかわらず、「年収は高いけれども貧乏」と言う状態から抜け出せない方も少なからず存在していました。

結論から言えば、給料がいくら高かったとしても、入ってくるだけ使っていたら、ずっと〝なぜか〟赤字な人生なのです。

その状態から一歩抜け出して、お金持ちの方へ進んでいこうとするのならば、どこかで財務諸表の軌道を変えていく必要があります。

最初の一歩は小さくとも、継続すれば大きな道筋になっていきます。

無理をしない範囲でかまいませんので、まずは資産をつくる意識づくりをしていきましょう。

5、お金持ちと〝なぜか〟赤字の人の決定的な「働き方」の違い

どんどん資産を積み立てていき、資産が増え、資産からの収入が増えてくると、最終的には労働しなくとも大富豪として生活していける状況になります。

例えば、私がお世話になっていたキーエンスの創業者さんがそうです。
この方は、孫さん、ユニクロの柳井さんに次ぐレベルの資産家で、1兆円以上の資産をお持ちの大富豪です。また、著名人ではありませんが、私がお付き合いのある普通のサラリーマンや経営者でも、大富豪レベルに近い方はたくさんいらっしゃいます。

次項に紹介するのは「金持ち父さん・貧乏父さん」のロバート・キヨサキ氏がよく言われる、いわゆる4つのキャッシュフローのクワドラントです。
ものすごく簡単に言いますと、お金を得るための労働形態の分類です。

多くの方は、このEというところからスタートします。まずは、会社などに所属して従業員として働いて給料を得るということです。
従業員で成功した場合、次はSに向かうことが多いです。独立して起業をし、経営者になります。自分が働いたら、それ以上の対価がもらえる！　という思いで経営者になっていくのです。

そしてここからはお金持ちの労働形態となります。

大富豪の損益計算書

損益計算書

収入	【不労所得】 （株・債券・不動産・不労所得となるビジネスからの所得）
支出	【投資】 （株・債券・不動産投資）
	【浪費＋消費】 （税金・家賃・食費・交通費・衣料費・交際費等）

あなたはどのグループでしょうか？

E 従業員	**B** ビジネスオーナー 株主
S 自営業 経営者	**I** 投資家

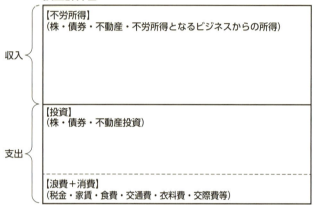

Bは、ビジネスオーナーです。文字通りオーナーなので、経営者や社長ではなくて、株を持って出資している立場となります。ですから収入は給料や売上だけでなく、配当などが入ってきます。

先程私がご紹介したバリ島の兄貴は、ビジネスオーナーとして30個くらいの会社をもっていて、配当を貰っているという状況です。

そしてIの投資家というのは、不動産や株、債券などに投資する専門家です。労働は投資活動が中心。収入は、ほぼ金利や配当のみで生活をしている人ということになります。

そして、よくいうお金持ちという認識の方はEとかSの分類の方だと思いますが、大富豪となってくると、このBとかIの人でほぼ構成されています。

6、明日から大富豪に変わっていくお金の使い方

ここからは、お金持ち・大富豪へ近づいていくためのステップをご説明していきます。

具体的には、どうお金を使っていくかがポイントになります。

最初は働いて得た収入、この中からいくらかを資産に振り分けることです。資産というポイントにお金を使っていく、いわゆる投資をするところからスタートしていきます。

そして少し年月がかかるでしょうが、順調に資産が増えていった場合、どこかの時点で労働収入よりも資産からの収入が多くなってきます。

ここまで来ると、近いうちにあえて働かなくても、資産の収入だけでも生活できるようになってきます。

それでも働きたくて働いているという人もたくさんいます。しかし、生活のために働く必要はなくなるということです。

ここで注意が必要です。

「資産収入が増えてきたけれど、"なぜか"お金が貯まらない・・・」

収入が増えてもお金に困っている方は本当にたくさんいます。その原因はだいたい使い過ぎにあります。

これまで以上にお金が入ってきても、比例して支出も増え、これまで以上にお金を使っ

資産を構築するステップ

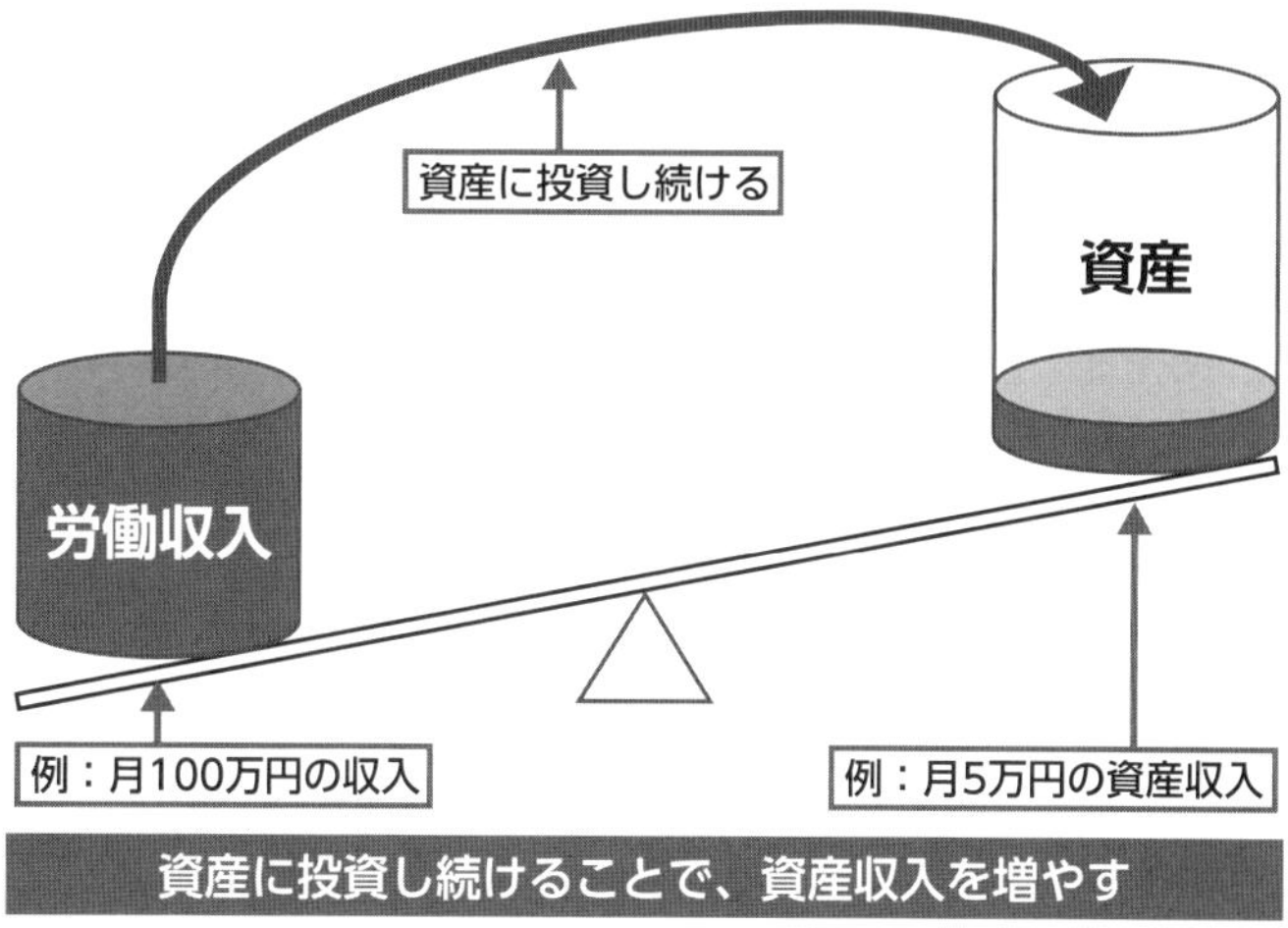

資産を構築した結果

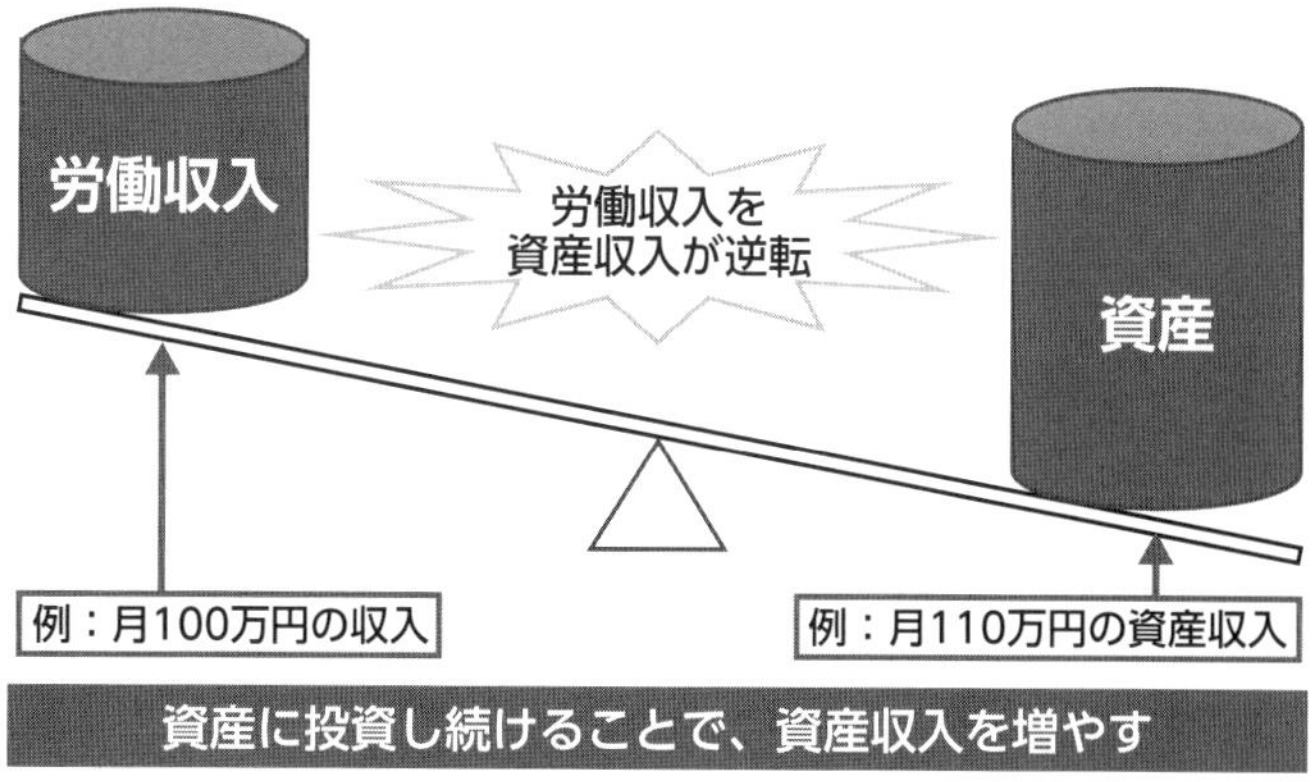

てしまっている・・・これでは、いつまでたっても同じことの繰り返しです。

先ほどご紹介したように、年収が1千万、2千万になっても、その年収を全部使ってしまうという方々は、いくら収入が増えても大富豪にはなれません。

お金を貯めるには、実はお金を稼ぐ以上に支出を管理することが大切なのです。

例えば1千万円から2千万円に収入が増えたとします。1千万増えたと思ってその分を使ってしまったら、実際の手残りは以前より減っていた・・・そんなケースもよくあります。

勘違いの原因の一つは、税金（所得税や地方税）も増えることを忘れているからです。1千万円収入が増えても、今度はトータル2千万円の所得に税金がかかります。税率も上がるので、実際の手取りは600万くらい増えるかどうかだと思います。

しかし額面では増えるので錯覚を起こしてしまう方もたくさんいて、きっちり増えた分を計画的に使ったはずなのに、なぜか以前より手残りが400万円少ない、という状況になってしまいます。

そして、よくよく給料明細や確定申告時の納税額を見たときにその事態に気がついて、真っ青になるのです。

収入が増えたのであれば、真っ先にその額に対しての税支出を確認しておきましょう。

また、増えたお金の使い道の一部でよいので、必ず貯蓄や投資にまわすことを意識づけてください。

7、実例！ お金持ち経営者と"なぜか"赤字の人たち

ここからは、私がいままでにお会いした方や近しい方にお聞きした、何人かのお金持ちの方と、"なぜか"赤字の人の実例を少しお話させて頂きます。

"超繁盛"な経営者1 誰よりも人生を謳歌されているS社長

まず一人目にご紹介するのは、S社長です。私の知る限り、こんなに人生を楽しんでいる人間繁盛、商売繁昌の方は他にいらっしゃいません。お金の自由、時間の自由はもちろん、いつも素敵な仲間、笑顔に囲まれて、老若男女の皆さんに大人気な方です。

このS社長は、5人の社長を育て、会社を分社化しています。つまり、自分の会社をのれん分けして、5人の社長に活躍してもらうことによって、この会社全体の売り上げがさ

らに伸びて、利益も増えているのです。

このS社長がすごいのは、「人生をいかに楽しむか」ということを明確に生活の中心においていることです。

50歳で実質上のセミリタイアをして、今は半分遊んで半分仕事をするスタイル。毎月バンコクなどにゴルフに行かれていますし、日本にいる時も大体週に3、4日はゴルフにいき、ゆっくり人生を楽しむ、そんな悠々自適な生活をされています。

しかもただ自分が楽しむだけではなく、同時に、目の前の人をどうやって楽しませるか、どうやって喜ばせるか、どうやって面白い事を言って笑わせるか、ということを常に考えて行動されている、そんな社長さんです。

社員さんも非常に大事にされていて、古い社員さんを何年もかかって社長に育てあげたり、日本にいる時には毎日社員さんとウォーキングをして悩みを聞いてあげたりと、本当に一人一人の社員さんと向き合って、細やかな対応をされています。

結構厳しい事も言われるのですが、それは本当に社員さんを愛し、その幸せを考えているから。それが伝わっているからこそ、社員さんの方からも愛されて慕われているのでしょう。

S社長はもちろん退職金もたくさん準備しておられますし、不動産収入もありますので、今社長を辞めても全く生活には困りません。

しっかりした経済的基盤があるからこそ、早期にセミリタイアし悠悠自適な人生を楽しんでいらっしゃるのです。

"超繁盛"な経営者2　60歳のB社長

次にお二人目です。こちらのB社長は現在60歳くらいですが、「70歳までは現役」と公言し、現役で頑張っておられます。

高い志と素直な行動力を持っておられて、社員さんやお客さんはもちろん、ご縁のあった人、出会った方、目の前の方々のお役に立つこと、というのをいつも実践されている素晴らしい方です。

B社長は「日本一の会社を作る」という高い理念を掲げて、奥様と一緒に自宅の一室で創業し、事業をスタートされました。奥様が専務、ご主人が社長としてご夫婦でずっと会社を育てあげ、今や滋賀県を代表する会社になっています。
事業一本でやってきて、不動産投資や株式といった投資はしていないのですが、事業を発展させたところで自分自身の役員報酬を増やし、個人の資産と会社の資産を作っておられます。

いつリタイヤしても金銭的には全く困らない状況ですが、仕事が大好きで生きがいでもあるということで、100億円以上の売り上げを目指し、もっともっと社会に貢献できる会社にしたいという夢に向かって邁進中です。

"超繁盛"な経営者3　医療法人理事長

三人目にご紹介するのは、医療法人の理事長の方です。歯医者さんで、矯正歯科としては「矯正の件数日本一」を誇る繁盛院です。
この方も、奥様と一緒に一軒の歯医者さんの開業からスタートし、勤務医を採用して分院で病院を増やし、どんどん拡大していかれて、現在は矯正日本一、加えて歯医者さんとしての利益額でも、日本一を実現されています。

たくさん勤務医の方がいらっしゃるので、もうご自分が働かなくても医院の仕事は回るのですが、今も週に4日くらいはご自身で治療もされており、常に自分が先頭になって専門知識や最新の治療技術を学びながら、日々研鑽を積んでおられます。

こちらの方も、やはり非常に社員さんを大切にされています。お給料を高くして働きやすい環境を作り、社員満足度、そして顧客満足度を徹底的に追及されています。先日も社員さんも連れて、スイスにまで学びに行かれたそうです。

だからこそ、現在の繁盛につながっているといえるでしょう。

"超繁盛"な経営者4 振袖店のA社長

それから、最後に上げさせていただくのはA社長です。

A社長は振袖店の社長さんで、今は関西、大阪、神戸、京都など関西全域に出店されています。社員さんを家族のように大切にしながら、どんどん社長にして全国に事業を展開していこうという目標をもっておられます。

この方も当初は、1店舗、本当に小さなところからスタートされました。すごいなと思ったのは、収入が少なかった創業時から、少しずつ積み立てを続けているということです。

1店舗目の時に1万円、2万円という少額の積み立てを開始されて、当初は、「退職金を一億円準備する」ことが目標だったそうです。

どんどん店舗が増えて、利益・売り上げが増えたら、途中で退職金を3億円、5億円にするという目標に変えて、積立額を増やして資産運用も行い、社員さんも増やしてきました。A社長も金銭的にはいつ引退しても大丈夫なのですが、仕事が生きがいであり、これからは日本の大切な伝統文化である振袖、着物を後世に残していくことにも貢献していきたいと情熱を燃やしていらっしゃいます。

幸福な方々の共通点

今までご紹介してきました、人間繁盛、商売繁昌で幸福な人生を歩まれている方々の共通点について、少しお話させていただきます。

第一に、計画性とそれを守る継続力があることです。

いくつで社長を交代する、という将来のライフプランをしっかり計画して事業の計画を立て、それに合わせてご自分自身の人生計画を立て、実行されています。

そして毎月の積み立てなどをして資産を少しずつ、少しずつ増やしていかれた結果、現在はお金持ちになっておられます。

性格としては、素直で、頼まれたことはなんでも「ハイ」と受けて行動されるということがあります。そして常に学んで新しい情報も収集し、変化し続けていく柔軟性もあります。

それともう一つ大事な共通点は、自分の事よりも他人の幸せ、喜びを考えて行動されているということです。

本当にご縁を大切にはぐくんで、10年20年30年と、一度のご縁を大切にし続けています。特に社員さん、家族、自分自身の両親に感謝し、ものすごく大切にされているというところも、成功している幸福な方々の共通点です。

"なぜか"赤字の人1　借り入れでどん底のD会長

次に、少しご紹介しづらいのですが、なかなか楽にならない、生活や経営が苦しい、という方の事例をあげさせて頂きます。

D会長さんは、現在85歳。社長は息子さんに交代されているので本来は退職したいところなのですが、残念ながら事業も苦しく、銀行からの借り入れの個人保証に会長ご自身が入っていらっしゃるので、仕事を続けざるを得ない、という状況になっています。

また、今は退職金を出そうにも原資がありません。新たな借り入れを起こして退職金を用意することも、現状では難しそうです。

保険もずっと掛け捨てタイプに入っているので、70歳を超えたころから保険料が上がり、苦しい中で掛け捨ての保険料を払い続けているそうです。

この方は、お人柄は本当に良い方なのですが、若い時から少しずつでも積み立てをしていたら、それが退職金の原資にもなったのに、保険も掛け捨てではなく積立タイプの終身保険であればよかったのに・・・と残念に感じます。

"なぜか"赤字の人2　雇われ社長のE社長

E社長は元々社長をされていたのですが、借り入れが増えて自分だけでは事業の継続が難しくなり、会社を他人に買い取ってもらい、今は雇われ社長として頑張って働いていらっしゃる方です。

この方も現在70歳を過ぎて、本当でしたら引退もしたいところだと思うのですが、借入れもあってやめられず、積み立てなどもしてこなかったので、退職金も受け取れる状況ではありません。

生命保険も元々、法人・個人と入っておられたのですが、もう払っていけないということで、法人の生命保険はやめ、個人の方だけ少し残しているそうです。

お人柄はすごく良い方なのですが、非常にお金には苦労されているなあ、という印象をお受けします。

"なぜか" 赤字な人の共通点

"なぜか" 赤字な人の共通点は、一つはやはり計画的な積み立てをされていないこと。加えて、学びや実践を心がけてはいらっしゃるのですが、事情があるとはいえ、途中でストップして継続できていないことです。

もう一つが、お人柄は良いのですが、いざという時に「ご縁」よりも「損得」をとってしまい、結果的にご縁を育めていないのかな、と感じることがあります。

実は、私も過去に「ご縁」よりも日の前の「損得」をとってしまったことがありました。目先の契約に釣られて、本来大切にするべきご縁を裏切ってしまい、その結果、・・・ご想像の通り、手痛い授業料を支払うことになりました。


実はここが、お金持ちと、いつまで経っても〝なぜか〟赤字の人の大きな違いです。

お金持ちで人間繁盛、商売繁昌をしている人は、お金のためには働いていません。それよりも理念や、世の為、人の為、他人の為、皆のために働いていることが多いのです。

そして逆に〝なぜか〟赤字な人は、ご縁ではなく、お金儲けのために一生懸命働いています。

お金というものは、不思議なもので追い求めるほど逆に離れていくのかもしれません。ご縁を大切にされる人は、ご円（お金）にも恵まれる。と私の周りの方々や、お付き合いをさせて頂いている方から、非常に感じているところです。

コラム　学びと継続だらけの私の半生

本コラムでは、私のこれまでの半生についてご紹介いたします。

(前著『改訂新版「人間繁盛、商売繁昌」への7つの実践!』の内容に加筆、再編集したものです)

社会人時代の私
～継続で乗り越えた、一部上場企業の商品クレーム対応～

同志社大学を卒業した私は、第一志望だった「キーエンス」へ入社することになります。

皆さんは「キーエンス」という会社名を耳にしたことがあるでしょうか。われわれの生活に直接なじみはありませんが、産業機器の開発製造販売を手がけている東証一部上場企業で、待遇面が充実していることから、就職する学生に人気がある企業でもありました。

入社1年目の秋、新人研修を終えた私はクレーム対応の部署に配属されました。

クレーム対応というのは、お客様が商品に不満を持たれているところから始まるわけですから、いわばマイナスの人間関係からスタートすることになります。社会人1年目だった私は、いきなり強烈な洗礼を浴びることになりました。

「納品した商品が動かない」との連絡を受けて、はじめての出張でお伺いしたのが、とある工場でした。「動かない理由は、何なんや!」お客様はカンカンです。

私は質問を受けて、わからないことがあれば本社の技術担当者に電話で聞いて答えたり、「商品のおかしい部分を分解して説明してくれ」と言われれば急遽、分解して説明したりと終日対応に追われ、結局、午前中に工場に入って出てきたときには夜の11時をまわっていました。

それでも残念ながらその日のうちには解決に至らず、翌日上司にも来てもらい、さらに案件を持ち帰ることになりました。最終的に、原因究明し対策を報告して納得いただき対応完了となりました。

こう書くと、「やはりクレーム対応の仕事は、理不尽な事を言われて大変なんだな」という印象を持つ方もいるかもしれません。

しかし、お客様の希望は一貫して、「理由と原因と対策を示せ」というものでしたから、言われていることは決して理不尽ではないのです。

幸か不幸か、最初のクレーム対応が大変だったことが、新人の私には良い実地研修となり、その後のクレーム対応を卒なくこなせるようになりました。

クレーム対応の件数を重ねていくと、自分なりのコツというか、対応のノウハウが身についてきました。実はクレームの半分以上はお客様の使い方の問題であること多いのです。

しかし、最初からそれを指摘するのはNGです。仮にお客様の使い方に問題がある場合でも、お客様に納得していただくのが私の仕事です。いきなりこちらの言い分を申し上げてもお客様は納得してくれませんので、最初は、お客様の話を聞きます。一切こちら側の話は切り出しません。

あるケースでは、先方の指定された時間通りにお伺いしたら、いきなり「遅刻するとは何事だ！」とおしかりを受けたこともありました。聞くと営業マンに「もっと早く来るように」と伝えたとのことなのですが、私は営業からは何も聞いていませんでした。

訪問したらいきなり怒られた格好で、しかも商品が動かないのと、遅刻したのとダブルで烈火の如く怒っておられる状態です。そこでも言い訳は一切することなく、まずは謝罪するのが鉄則です。

お客様は1時間半から2時間にわたり、「おたくの営業マンの対応が」、「この前納品された商品が」といろいろな不満を口にされます。

しかし、2時間ぐらい話を聞いていると、お客様もだんだん冷静になってきて、眉間にあったシワの本数が減ってきます。そうなると、徐々にトーンダウンしてくるので、今度は聞く姿勢ができてきたことを意味します。

このタイミングで、あらかじめ原因を推定して資料を持参しているので、実際に現場に入って確認させてもらうことで、結果的にお客様に納得していただけました。

クレーム担当は最悪の第一印象からお客様との関係をスタートさせることになります。しかしながら、しっかりとした対応をすると信頼を勝ち得る、またとないチャンスにもなります。

実際、私がクレーム対応をしたいくつかのお客様は、次からは営業担当ではなく私のところへ連絡をくださるようになりました。

このように、クレーム対応がきっかけでお客様との距離が縮まることもあり、全国にあるお客様の工場の部品交換を、お客様と一緒に回るような経験もしました。

この仕事にやりがいを感じ、日々のクレームに真正面から向き合っているうちに、いつしか私は昇進し、管理職となっていました。

嫌いだった保険への加入で知った、ファイナンシャルプランナーの世界

私が妻と結婚したのは28歳のとき、いわゆる職場結婚で、結婚と同時に妻は退職し、専業主婦になりました。子宝にも恵まれ、サラリーマン時代に一男一女を授かりました。

今でこそ会社で保険代理店を経営し、多くの保険商品を取り扱う私ですが、その当時は大がつくほどの生命保険嫌いで、独身時代にいたってはひとつも生命保険に入っていませんでした。

当時の私は「生命保険というものは、不安につ

けこんで不必要なものや損するものを無理やり売り込むものだ」といったイメージが強く、昼休みに職場にやってくる保険のセールスもなるべく避けるようにしていました。

そんな私も30歳を過ぎて父親となって、会社の先輩から「保険アレルギーの能登にもおすすめだから」と紹介されたのが外資系生命保険会社、アリコジャパンの担当者でした。

打ち合わせに現れたアリコの担当は、パリッとしたスーツを着こなす清潔感のある身だしなみと、柔和な表情。ひと目で誠実な人柄と思えてくる第一印象です。

そして何より、営業スタイルが私が今まで見てきた保険の営業マンとは違いました。その方は一切保険の売り込みをしないのです。

まず何も知らなかった私に保険の基本的な内容を一から教えてくれて、ライフプランや人生設計の大切さや、資産運用といった役に立つ情報を教えてくれました。

それまで株はもちろん、資産運用に関わることは何もしたことがなく、ただ働いて貯金しているだけだった私には、目からウロコの連続でした。

その方に会ってはじめて自分のライフプランを考え、これから増える家族のことや自分の老後についても真剣に考えるようになりました。この間一切の売り込みどころか提案もありませんでした。

あるとき、アリコの担当者に「なぜそんなに、色々なことに詳しいのか」と尋ねてみたところ、「ファイナンシャルプランナー」という資格を持っているからだと教えてくれました。私がファイナンシャルプランナーという資格を知り、それを活かした仕事があると気づくきっかけでした。

その方は、これまでの私に欠けていた人生設計に大切な知識を一通り教えてくれた後、最後の最後に保険を提案してくれました。

人間、いろいろな理解が深まってくると、さらに物事を知りたくなるものです。そのタイミングで「よかったら提案しましょうか」と言われたら自然と受け入れることができるし、自分でも納得して保険選びができました。

こうして私は、生命保険加入をきっかけに、その人の影響もあってファイナンシャルプランナーの資格の勉強をし始めました。

そして、私が「保険の営業ってすばらしい、人の人生をサポートできる大事な仕事なのだ」と認識を改め、ファイナンシャルプランナーの資格を取得した折に、父の他界が重なったのです。

父の死で思い知った、命の有限性

順調な会社員人生を送っていた私が、キーエンスを辞め転職に踏み切ったのは、この父親の他界がきっかけでした。

父は64歳で突然亡くなりました。定年退職して4年で、まさか亡くなるとは誰も思ってもいませんでした。父は退職金と預貯金を残していってくれたので、残された母がすぐに生活に困るようなことはありませんでした。

しかし、母親の今後の暮らしや人生をどうするかは重要な問題でした。父が生きていたときと比べて、もらえる年金は約半分に減っていますから、あまり贅沢はできません。

ファイナンシャルプランナーの資格を取得した直後だった私は、計算した結果を母に伝えました。「母さん、今まで通りお金を使ってたらあかんよ」

母は何かとお金のことを気にするようになりました。「なるべくお金を使わないように」と意識して生活する様子が伝わってきます。そんな母を見て私は「何とか、母がお金で苦労しないようにしてあげたい」と強く思うようになりました。

父が64歳で亡くなったとき、現役時代に加入していた保険の多くが契約切れとなっていました。唯一、死亡時の給付金として300万円が出ましたが、それは葬式代で消えてしまいました。残された母の姿を見て「老後の保険も大切なのだ」と痛感すると同時に、「多くの保険が定年退職を迎える60歳で切れるようになっている。それを前提としたライフプランは間違っているのではないか」

と感じました。

冒頭でもお伝えしましたが、当時の私は、大阪に本社を置く東証一部上場企業のキーエンスに在職していました。

14年間、自ら率先して朝7時から夜の11時、12時まで仕事をする毎日。それこそ父の見舞いもままならない、仕事人間のお手本のような生き方でした。

誤解していただきたくないのですが、私はキーエンスという会社も仕事もとても大好きでした。学閥はないし、年功序列もない、一所懸命働き成果を出した人間を認めてくれる、とてもいい会社です。仕事での成果が認められて管理職に昇進しましたし、収入面でも同級生と比べて恵まれており、不満はありませんでした。

もし、私が再び会社員になることがあれば、再びキーエンスで働きたい。それくらい本当に素晴らしい会社なのです。それ以上に「いまの私が働くべき場所」と感じたのが保険の世界でした。

人間貧乏で、孤独との戦いの連続だった独立当初

転職する直前、創業者でもあるキーエンス会長からこんな話をいただきました。

「うちからアリコジャパンや、ソニー生命に転職した人間は少なからずいるが、その多くが失敗している。もし、一年くらいやって、アカンかったら、そのときはうちに戻ってこい」

優しいお言葉に感動すると同時に「絶対に戻らなくていいように頑張ろう」と発奮しました。

私が保険業界に入る際に目標にしたのは、「MDRT」に入ることでした。MDRT（Million Dollar Round Table）とは、保険業界で営業成績のトップ3％、あるいは1％の人だけが入会できると言われている、世界共通の会員組織です。

MDRTへの入会には商品知識もさることながら、倫理観も求められ、チャリティやボランティア活動にも参加しています。

尊敬するアリコの担当者から誘われた際に、彼からMDRTの話を聞き、アメリカやカナダで年1回開かれている、世界大会の様子をビデオで見せてもらう機会がありました。とても華やかで格好良くて、私は「自分もあの場所に行きたい！」とすっかり魅了されてしまったのです。それも保険業界に飛び込む大きなモチベーションになりました。

入社初日も、自己紹介で「MDRTへ入会することが目標です！」と意気揚々と話しました、先輩方からは「変わったやつが来たな」と思われていたようです。今思えば恥ずかしいのですが、全くの初心者が初レッスンで「オリンピックを目指します！」と宣言するようなレベルの話だったのです。

意気揚々と転職したものの、最初はうまくいかないことばかりでした。大企業であるキーエンスから離れた自分は、ただの人。何も持っていない「人間貧乏」だったのだと、嫌というほど気づかされました。

アリコジャパンに転職した当初、滋賀県に経営者の知り合いはゼロ。つまり、どこにも営業先がありませんでした。

転職にあたり「あたらしく保険の仕事を始めました」と、挨拶の手紙を知り合い全てに送りました。何百通と書いたものの、滋賀県の住所はたったの8人だけでした。元の職場であるキーエンスの関係者が7人、親戚が1人。滋賀県に6年間住んでいても、実際には夜寝るだけの場所みたいな生活を送っていたので、ご近所にも町内にも知り合いはいませんでした。

そんなとき、大阪の知り合いから「大阪府中小企業家同友会」を紹介してもらい、「例会」と呼ばれる会合に2回ほど参加し、入会を決めました。

しかし私の地元、滋賀県で入会する必要があるため、大阪の事務局経由で「滋賀県中小企業家同友会」に入会することにしました。

正直に言うと「もしかしたら、これで経営者の知り合いができるかも」という下心もありました。

しかし、会の中では人間関係がすでに出来上がっていて、知り合いが1人もいない私は、孤独で寂しい思いをすることになります。

それというのも、通常「滋賀県中小企業家同友会」に入会しようと思ったら、滋賀県の経営者の紹介で入ることになるのですが、私の場合、「大阪府中小企業家同友会」を経由して入会したために、紹介者がいないのです。「知り合いを増やせたら」と思って入った会でしたが、結局、常に一人ぼっちという有様でした。

同友会に入会して3ヵ月くらい経ったころ、例会に参加すると、あいかわらず皆さん仲良さそうに、親しげに話をして盛り上がっています。しかし、私はその輪に入れず孤独感いっぱいで、その様子を輪の外から眺めているだけでした。和気あいあいとした雰囲気の会の中で、自分だけがぽつんと孤立している。その疎外感は辛いものでした。「もういっそ、退会しようか」と思っていたほどです。

たまに勇気を出して恐る恐る私の「アリコジャパン・AIU保険代理店」の名が入った名刺を出すと、

「ああ、保険屋さんね。うちは、○○さんに保険は任せているから」

「いやあ、保険はいっぱい入っているからね」と距離を取られてしまいます。

あらためて「保険の営業は嫌がれているのだ」と痛感しました。人によっては露骨に嫌がられることもあります。

そんなとき、後の私の大恩人となる株式会社トップの新庄昇社長が「最近入った能登くんだよね？このあと懇親会があるので参加しないか」と懇親会に誘ってくれたのでした。

誰にも声も掛けられず、寂しかった私にとって新庄昇社長からのお誘いはとても嬉しいものでした。懇親会に参加できたおかげで、数人とお話しできる間柄になれて、本当にありがたかったです。

これは後から知ったのですが、新庄昇社長は、当時、「例会委員長」という役職で、皆に懇親会参加を促すために声かけをする役目だったそうです(笑)。しかし、私にとっては、まぎれもない救世主でした。

新庄昇社長からは「能登くん、最低でも2年間は同友会で営業するなよ。営業しなかったら、必ず将来の営業につながるから!」とありがたいご助言をいただきました。

新庄昇社長は、過去に保険の営業マンが、同友会入会後すぐに保険営業をして、皆から煙たがられて退会していった様子を何度となく見てきたそうです。このご助言を頂けなかったら、私も同じ轍を踏んでいたでしょう。

こうして同友会で浮いていた私は、新庄社長との出会いで、声を掛けていただける嬉しさ、人のあたたかさを実感し、同友会に通うことが楽しくなってきました。

継続を重ね、毎月10件以上契約18か月継続達成!

キーエンス時代、昼休みにやってくる生命保険の売り込みが嫌いだった私は、アリコに転職後「売り込みはしたくない、自分は売り込むような営業はしないぞ」と常日頃考えていました。しかしながら、私が理想とする「待つ営業」スタイルを実現するには時間が必要でした。

相変わらず電話をするのは苦手でしたが、そもそも電話をしなければアポイントがとれません。アポイントがなければスケジュール表は真っ白のままです。これでは仕事にならないし、収入にもなりません。

そこで、辛くてもまずは「この日だけは電話を絶対かける」という日を作ってがんばるようにしました。決意の転職ですからこの仕事で妻と子どもたちを養っていかねばなりません。苦手な電話は気合で克服することができました。

そして私は、マネージャーとも相談しながら目標設定をし、憧れのMDRTに伝わる「保険業界で成功するたった一つの秘訣」を、やり続けることにしました。

その秘訣とは、「毎日3人のアポイント、週15人のアポイント」を達成するというものです。

MDRTにあこがれていた私は達成のためにただひたすら努力しました。そしてこの目標の達成にはキーエンスの元同僚の応援や紹介が不可欠であり、支援してくれる人のありがたさを実感しました。


アポイントを取ってお客様に会いに行くと、前職でのクレーム対応の経験が役に立ちました。

クレーム対応でもそうでしたが、保険の営業でもまずは、お客様の要望や希望をじっくりと聴くことです。訪問していきなりベラベラこちらの商品説明をしても、関心を持ってはもらえません。

ただ、クレームの場合は、最初から解決すべき問題が明確になっていますが、保険や資産運用の場合は、すぐには問題点がわかりません。しかし、よくお客様のお話を聞いていくと、その中でお客様の抱えている問題や不安が見えてくることがあります。


それをどのように解決すればいいのか、そのためには、どのようなライフプランがいいのか。お客様は、本心ではどうしたいのか。質問を交えながらさらに聞いて理解した上で、親身になってお客様に最適なプランを考え、ご提案するようにしました。


顧客となるサラリーマンの方は平日は打合せ不可能な方が多く、必然的に私は土曜日と日曜日に朝早くから夜遅くまで、なるべく多くの人とお会いするアポイントをいれるようにしていました。「家族と過ごす時間も確保したい」という思いもあって転職したにもかかわらず、結果的に家族と過ごす時間はさらに少なくなる状況でした。

その努力のかいもあり、私は社内の「ルーキーコンテスト」に入賞します。これは1000人に5人しか受賞できないといわれる、ハイレベルなコンテストで、毎月10件以上の契約を18ヵ月続けた人がもらえる賞です。私の同期では、私を含めて2人だけの受賞でした。

毎日、毎週、必ずアポイントを入れて「毎日3人のアポイント、週15人のアポイント」を達成し続ける。シンプルではありますが、これを継続することがとても大切なのです。

アリコジャパンに転職後、これといった家族サービスをできないままだった私は、ルーキーコンテストでの表彰を記念して、妻と二人で東京の帝国ホテルの食事に招待していただきました。

妻に初めて「転職して良かったね」と褒められた瞬間でした。MDRTへの入会も達成して、アメリカの世界大会にも参加できました。

人生を変えた、「倫理法人会」との出会い

自分なりの保険営業スタイルができつつあった私を、さらに大きく成長させた出来事が、平成18年6月に「滋賀県びわこ湖南倫理法人会」への入会でした。

「滋賀県びわこ湖南倫理法人会」とは全国で約6万7千社の会員を有する倫理法人会の約690単会の中のひとつの単会にあたります。

「倫理法人会」に入会したきっかけは、「滋賀県中小企業同友会」でお世話になっている株式会社トップの新庄昇社長と、社会保険労務士事務所中嶋事務所の中嶋忠男所長から、同じ日に講演会のお誘いをいただいたことです。「これはご縁があるに違いない！」と直感して参加を決めたのでした。講演会に参加してみると、なんと500人もの参加者で会場は満員、場内の熱気に驚きました。

講演会終了後、新庄社長から「能登くん、明朝6時30分から倫理法人会のモーニングセミナーがあるから是非参加しよう！」と言われました。

「え？　夕方6時30分ではなくて、朝の6時30分からでしょうか？」

思わず聞き直したのを今でも覚えています。

セミナーが始まると私の眠気はすぐに吹っ飛びました。

60代の経営者とは思えない大きな声の挨拶や、

開始早々の大きな歌声に圧倒され、「万人幸福の栞」という、この会における教科書のような小冊子の輪読にも圧倒されました。

正直にいうと「ひょっとして、自分は場違いなセミナーに参加してしまったかな?」「もしかして宗教団体か何かなのでは?」と一抹の不安を感じながらのセミナー参加となりました。驚きの連続ではありましたが、その日一日、爽快な気分で過ごすことが出来たのも事実でした。「朝早起きしてセミナー参加する」ことの効能を実感したのです。

セミナー終了後、新庄社長に入会のお誘いをいただき、正式に「滋賀県びわこ湖南倫理法人会」に入会。夜型人間だった私が、本格的に朝型人間に生まれ変わるスタートとなりました。

・倫理法人会で出会った会員とのエピソード
平成18年に滋賀県びわこ湖南倫理法人会に入会したことで、会員の方々とのご縁をいただきました。

その中にS生命保険ご出身で半年前に保険代理店として独立起業された同じ生命保険業界の先輩となる株式会社ウェイグッドの堀内潤社長がおられました。

「同じ生命保険業界で私も半年前に独立起業したばかりです。何でも気軽に相談してくださいね」

あたたかい優しいお言葉をいただきホッと嬉しくなりました。

さらに、保険代理店としての最初の1年間の大変さ、注意すべきことだけでなく、保険代理店として必須の相談会の開催方法など、様々なアドバイスをいただきました。

「そんな具体的に教えていただいてよろしいのですか?」

「いいよ。いいよ。いろいろ参考にしてくれたら!まあ、1年間は大変だろうけど是非がんばってね!」

気さくに、大きな心で親身にご助言くださりとても嬉しかったことを覚えています。

堀内社長のお姿を通して、倫理法人会の会員のあたたかさ、他人のために尽くす姿勢の素晴らしさを感じました。

また、尊敬できる保険業界の先輩とのご縁もいただき感謝の限りでした。

堀内社長の教えは、その後、多くの方々とも交流を持たせていただく私の「人間繁盛、商売繁昌」の原点となりました。著書『「退職金制度」はやめなさい！今なら間に合う、社員と会社のための人事制度改革』（ATパブリケーション）も勉強のため何度も読み返しました。

堀内潤社長のおかげで経営者の私の今があります。本当に兄のような存在でした。
※堀内潤さんは2016年11月に惜しまれつつ永眠されました。

収入12分の1の減少を選び勉強、独立で復活劇！

キーエンスからアリコジャパンに転職した当時、「アリコで5年間、経験を積んだら独立したい」という計画がありました。

ところが2年半でアリコから他の保険代理店へ移ることになってしまいました。その理由は会社の制度が変わり、今までは入社5年で独立できていたのに、55歳にならないと独立できなくなったからです。

当時私は38歳。

「え、55歳って、20年ちかく先じゃないか？ おいおいそこまでは待てないよ」

そう考えていたところ、嬉しいお誘いが来ました。尊敬している大先輩であり研修の先生である株式会社エイムの福地恵士社長、株式会社ウイッシュアップの牧野克彦社長が経営されている保険代理店に「来ないか？」と声をかけて頂いたのです。

「これはチャンス到来だ！」そう思うと同時に、悩みもありました。

アリコで2年半頑張ってきた私には150人ほどのお客様がいました。みなさん私の「一生、面倒をみます」という言葉を信じてくれた方々です。この方々はアリコジャパンのお客様ですので、私が代理店に移る際、契約を持っていくことはできません。

その事には大変迷いましたが、「複数の会社の保険商品を扱うことがお客様のためになる」という思いもあって、覚悟を決めた私は、すべてのお客様150人に対して一人ひとり謝りに行くことにしました。


アリコを辞める最後の3ヵ月は、1件も契約をせず、ただひたすらお客様のもとへ出向き、自分が担当できなくなることを謝り、引き継ぎの手続きに徹しました。歩合制なので、新規の契約がなければ当然給料もゼロです。でもそれは、自分の責任を果たすためには仕方のないことです。

お客様の中には、「能登さんがいなくなるなら保険をやめる」と言う人もいたり、「能登さんの次の会社の保険にも入るよ」と言ってくれる人もいました。ありがたいことに、親しくしてくれたお客様のほとんどが、私の決意を応援してくれました。


新たに移った代理店では、自分の希望通り、お客様ごとに最適の保険を提案することができました。業務内容はアリコ時代とそれほど変わりません。しかし、収入は大きく変わりました。アリコ時代と比べて収入が12分の1にまで減少してしまったのです。

代理店では当初、手数料収入の額が大きく減ってしまいます。転職時にある程度の収入ダウンは予想していましたが、この減り方は最悪のケースに近いものでした。幸い妻が貯金をしてくれていたので、貯金を崩しながらの生活がしばらく続きました。

そして、平成19年（2007年）2月、お世話になった保険代理店「株式会社エイム」の取締役と滋賀支店の支店長を兼務しつつ、自分の会社「株式会社クオリティライフ」を設立し、代表取締役として正式に独立を果たしました。

独立し、自分の城を持つということは、再度お客様も収入もゼロから再スタートすることを意味します。独立後は、2年半走り回って、ようやく150人のお客様に保険にご加入頂くことができました。

独立を機に、今までやってきた個人向けの生命保険から、企業や経営者を対象とした生命保険に特化しようと考えました。

当初は、個人のお客様が多かったのですが、2年を過ぎた頃から経営者のお客様が増え始めました。顧客ターゲットを経営者に絞ることで、2年を過ぎた頃から売上もサラリーマン時代より増え、少しずつ挽回していきました。

富士研のセミナーで号泣・・・両親の愛に気付く

「お父さん、ごめんなさい、本当にごめんなさい」

富士山のふもとにある、倫理法人会の研修所（通称・富士研）で私は涙を流しながら亡き父に謝罪をしていました。いつ以来でしょうか。こんなに涙を流して謝ったのは。

平成20年1月、私は初めて「倫理法人会」の「富士研セミナー」を受講していました。

研修で私は、雪の上で正座をして自分を見つめ直す「自照清坐（じしょうせいざ）」や、自分の命の源に遡って両親をはじめ幾百千乗の恩の中に生かされていることに感謝する「恩の遡源（おんのそげん）」について学ぶなかで、自分が大学時代に両親に多大な苦労をかけていたことに気づかされました。

両親からの無償の愛。

「学生のときに気づけばよかった」と反省しました。

両親は私を大学へ行かせるために節約の日々を過ごしていました。学費に下宿代、何かと出費はかさみます。「子どもにだけは不自由させない」と、つつましい生活を送りながら私を支えてくれていたのでした。

大学に入学してしばらくたったある日、実家に帰ると見たことのない軽自動車が停まっていることとに気がつきました。

「あれ、車変えたん？　なんで軽にしたん？」と聞くと、父は「年とったから、小さい軽自動車のほうが運転が楽なんや」と笑っていました。

大学3回生になるとき、私は下宿先を宇治市から京都市へ引越しました。引越し作業は父がワンボックスの軽自動車で駆けつけてくれて、ふたりで3往復して荷物を運び出しました。このとき父は「どや、ワンボックスの軽自動車に乗り換えて良かったやろ！　これなら荷物がいっぱい積めるからな！」と笑っていました。

しかし、私が大学卒業後、実家の車はふたたび普通自動車の新車に代わっていました。

当時の私はその変化の意味するところに気づかず、社会人になってからも気づかず。やがて子を持つ親となり、父が亡くなって、この富士研のセミナーに参加して、ようやく気づいたのです。父は私を大学に通わせるために、少しでも生活費を節約しようと軽自動車に乗り換えていたことに。


そしてあらためて父の愛情の深さ、両親のありがたさに胸を打たれました。本当に感謝の2日間でした。

親に素直に感謝を伝えるのは、気恥ずかしさがあるものです。しかし、この機を逃すと恐らく「自分は絶対に親に手紙なんて書かないだろう」と思い、この講座で父への手紙を書きました。

『お父さんありがとう。

お父さんとお母さんの子どもで本当に良かったです。

生きている間に言えずにごめんなさい。ありがとう。　清文拝』

書いた手紙は、研修所にある手作りの簡易ポストに投函します。この場で投函せずに持ち帰ると、冷静になってしまい、結局出さずじまいになるからです。皆が書いた手紙は後日、セミナー講師が責任をもって郵便局のポストに投函してくれます。

私は恥ずかしさを残しつつも「もう送ってしまったんだから仕方ない」と覚悟を決めました。

私は2日間の学びから、次の3点の実践を決意しました。

1. 毎月、父のお墓参りをして、両親に感謝する。
2. 毎日、ハガキを書いて、お会いした人、お世話になった人に感謝する。
3. 活力朝礼（職場の教養）を実践する。

1つめは、当時の自分は父のお墓参りに、盆と正月くらいしか行っていませんでした。ですから実家に帰る頻度もそれくらいでした。セミナー後は「月1回くらいはお墓参りに行かないと申し訳ない」と思うようになり、それからは毎月1回、車で2時間くらいかけて滋賀県から和歌山県までお墓参りに行っています。

2つめは、親や周りの人に対する「感謝が足りてない」と痛感して「せめて感謝のハガキくらいは書こう」と毎日ハガキを書く決意をしました。このハガキ書きについては後述しますが、挫折した時期もありました。

3つめは、「活力朝礼」というもので、「職場の教養」という冊子を読んで、その内容についてお互いの感想を発表するというものです。

「富士研」こそが、私の純粋倫理の実践、感謝の実践スタートとなる契機でした。

3年間の滋賀県倫理法人会「会長職」で学んだ「苦難は幸福の門」

私は、2015年9月～2017年8月まで、滋賀県倫理法人会の会長職をさせていただきました。

この3年間の会長職で、つくづく自分自身の未熟さを痛感しました。

会長職1年目。

私のような若輩が会長職をという思いから遠慮し過ぎて、自分の思いを伝えることも不十分でした。前会長を見習い毎日モーニングセミナーに参加して、一所懸命に動いているつもりでしたが、実はこれも空回り・・・。

ほとんど成果もなしに1年目を終えました。

会長職2年目。

1年目の失敗を反省して、良かれと自分の判断で行動しすぎた結果、役職者の皆さんとのコミュニケーション不足でまたもうまくいきません。

毎日のモーニングセミナーの場、倫理法人会のいろいろな機会にも一所懸命に参加していましたが、身近な役職者、身近な社員、身近な家族の話を聴くことが不十分に。

動いているつもり、実践しているつもりの2年間の結果、倫理法人会、会社、家庭それぞれに苦難が訪れました。

倫理法人会も会社も家族も全て根っこはつながっていて同じ。どれ一つ欠けても成果は出ない・・・。そのことも痛感しました。

結局、2年目も目立った成果は出せずに終わりました。

会長職3年目。

全てに関してボロボロだった私ですので、普通ならとてもお引き受けできる状況ではありません。しかし以前、林輝一先生に「辛い時ほど「苦難は幸福の門」と苦しいほうの選択をしなさい」と教えをいただき、その言葉通り、私は大ピンチの中、会長職3年目を引き受ける決断をしたのです。

こうなると、なりふりかまっていられません。

お恥ずかしい話ですが、まずは会社、家庭での苦しい状況を役職者の方々に赤裸々にお話することからスタートしました。きっと笑われるだろうと覚悟していました。

すると、役職者の方々は、なんと励ましてくれ助けてくれたのです。本当に倫理法人会の仲間、倫友のありがたさ、あたたかさを実感しました。

次に社員や家族にも伝えました。するとやはりみんなサポートしてくれたり、アイデアをくれるのです。

私は、今まで苦しいこと、弱いところは見せないように取り繕って生きてきました。でもそれは間違いであり、思い上がりでした。自分の能力を過信し、出来ないことまで引き受けていたのです。

苦しいこと、弱いところをさらけ出した時、初めて人は人を認め、心が通じ合い、その人のために行動を起こしてくれたのです。

もちろん、本人の気持ちも軽くなり、行動もポジティブになります。


その結果、会長職3年目は、皆さんに助けていただいたおかげで目標も達成しました。

それも、滋賀県倫理法人会の7つの単会の目標を中間、年度末ともに達成という過去に例がないほどの成果に！　皆さんと喜びを分かち合うこともできて本当に嬉しかったです。滋賀県倫理法人会の会長職3年は、一生の宝となる経験、思い出をいただきました。

まだまだ未熟な私に大役を任せていただいた皆さまに、あらためて感謝の想いです。

そして、この学びでいままでの勘違いの人生から解き放たれ、またひとつ成長できたことを嬉しく思っています。

私が本を書く⁉ 出版までの課題と私の大きな成長

先の会長職と並行して、実は私は初の著書の出版作業も行っていました。

学生の頃から本が大好きでなんとかなく、「いつか自分の本を出したい！」という夢を持っていました。

そして、いま実際に本をだしている自分がいてビックリ驚いています。


そのきっかけは、親しくさせていただいている、辻中公さんの著書を何冊も出されている出版社、ごま書房新社の編集者さんを辻中さんよりご紹介いただいたのが全ての始まりでした。

お会いした時、編集者さんに「私も本を出したいのです！」と伝えました。

すると、現在の出版業界の事情を教えていただきました。なんと、毎日200冊近く、年間7000冊も新しい本がでているそうで驚きました。

また、出版業界自体がネットに押され気味でだんだん厳しくなっていることも・・・。

「それでも出版にご興味があるのなら、まず小冊子を作って売ってみてください。それで本当にみんなが欲しがる内容ならきっと本にしても売れるでしょうね」

きっと冗談交じりだったと思います。

でも私はチャンスと思い、その場ですぐに「はい、わかりました！　すぐに小冊子を作って販売しますから待っていてください！」と答えました。

この小冊子が後の出版へとつながっていったのです。

出版後の目まぐるしい変化
～出版の世界の不思議～

念願の出版後、私の人生は大きく変わりました。


例えば、初めて名刺交換した時にも驚くことが増えました。

「能登さんですよね？　○○さんに紹介いただき、ご著書を読ませていただきました！」

と言われることが何度もあります。また私なんかではまだまだ頭が上がらない先生や社長の講演を勉強のために聞きに行くと、「あ！君が能登さんかー、本おもしろかったよ！」などと声をかけられることもあります。


また、ある時は全くご縁のない県の方より、「本を拝読しました！　ぜひうちの会社でセミナー講師をしていただけませんか！」と講師依頼が来ることもあり、出版してから様々な県で拙いセミナーや講演をさせていただいております。

そして著書の反応として一番驚くことは、お客様の反応でした。今までと同じことをお伝えしているのですが、本当に商談もスムーズに運びます。

あまりにとんとん拍子に進むので、「本当に即決で大丈夫ですか？」と心配して聞いてみたことがあります。

「はい、能登さんが嘘偽りのない人だってことは本で読ませてもらっています。だから信用していますよ!」

著書を出すことは素晴らしいことだと、一経営者として実感する瞬間でした。

しかし、一方では、「著書に恥じない行動をとる必要がある」と、責任のある立場になったことも同時に知り、身が引き締まる思いでした。

このようなことが続くと、私の著書をご紹介いただいている方々、知り合いの方などに勧めていただいている方々、著者活動・講演活動を応援してくださる方々は、本当にありがたい存在なのだと気づかされます。

資産運用の権威 藤巻聡先生との出逢いとセミナー共演

2017年3月、北海道の中川浩さんとのご縁から、FPL証券株式会社の開業記念講演会で藤巻先生の講演を拝聴した時に、憧れだった藤巻先生と出逢いました。

藤巻先生は、元モルガン銀行東京支店長兼日本代表。JPモルガンの会長より「伝説のディーラー」と呼ばれて、世界三大投資家ジョージ・ソロス氏のアドバイザーも務めた、まさに資産運用の権威です。

著書も『異次元緩和に「出口」なし!日銀危機に備えよ』『国も企業も個人も今はドルを買え!』(PHPビジネス新書)、『日銀破綻』(幻冬舎)をはじめ、多数出版されています。

資産運用に携わる私も当然藤巻先生のことは存じており、以前から著書を拝読し、その圧倒的な手法を学ばせていただいておりました。そして、講演を実際に拝聴し、明確な筋道の通ったお話に引き込まれ、資産防衛のためにドルに資産分散する必要性を強く実感しました。

そして、2017年11月、一般社団法人金融リテラシー研鑽協会の設立記念講演で藤巻先生が講演されると伺い、迷わず北海道まで飛びました。この時は、藤巻先生を囲んでの懇親会にも出席でき、さらに深いお話しをお聞きしました。

そして、ついに念願が叶います。私は、滋賀県の経営者仲間の皆さんにも是非、藤巻先生の話を直接聞いていただきたいと想い、FPL証券の中川会長にお力添えいただき、2018年2月、当社主催で講演会を主催させていただきました。

さらに藤巻先生とのご縁は続きます。2018年8月大阪にて、私の2作目の出版記講演会に藤巻先生をお呼びし、なんとコラボ講演会が実現したのです。

この時は藤巻先生と同じ演台に立つことから、前日は眠れないほど緊張して、何度も一人でリハーサルをしたことを覚えています

藤巻先生にお会いし、お話を拝聴するごとに学ぶことは、その視野の広さです。

まず藤巻先生は、常に日本だけでなく、世界的視野で経済、お金の流れを考えられます。私たちはつい日本を中心にみがちですが、金融の流れは日本発でなく、世界発のことがほとんどなのです。

さらに、時間的視野です。資産運用で14連勝された藤巻先生は、いつも直近の短期的な利益、上がり下がりに流されるのでなく、長期的な視野で判断されています。これには、実践と経験をもとにした先見性も大きく関わります。私はまだまだ未熟ですが、いつか少しでも藤巻先生に近づけるように努力していきたいと思います。

最近の藤巻先生は、さらに踏み込んで日本の財政を何とか立て直したい、国も国民も救いたいという熱い情熱をもって、個人を超えたレベルの舞台でご活躍されています。

「国も企業も個人も今はドルを買って、日銀危機でのハイパーインフレ、円暴落に備えよ。ドルを買っておくことで、国も企業も個人も救われる」

以前お聞きした、藤巻先生のこのお言葉がいまでも強く印象に残っています。

第2章
すぐそこに迫る、国家財政破綻の危機

1、日本の人口は減少一途

皆さんご存知のように、日本では現在、少子高齢化が進行中です。

国立社会保障人口問題研究所が発表した人口動態のデータをみてもそれが顕著な数値となって現れています。

まず、一番上が2005年の人口ピラミッドです。それが、2030年になると、ふくらみが上の方に移動した形になって、5、60歳の人が1番多くなります。

それが今度2055年になると、80歳以上の人が最も多くなるという状況になります。

2055年というと今から36年先です。遠い未来のように感じるかもしれませんが、今40歳前半の人はちょうどこのピークに位置しています。

つまり、将来増加する高齢者とは、まさに今の40代、私たちのことなのです。

人口ピラミッドの変化：出生中位（死亡中位）推移

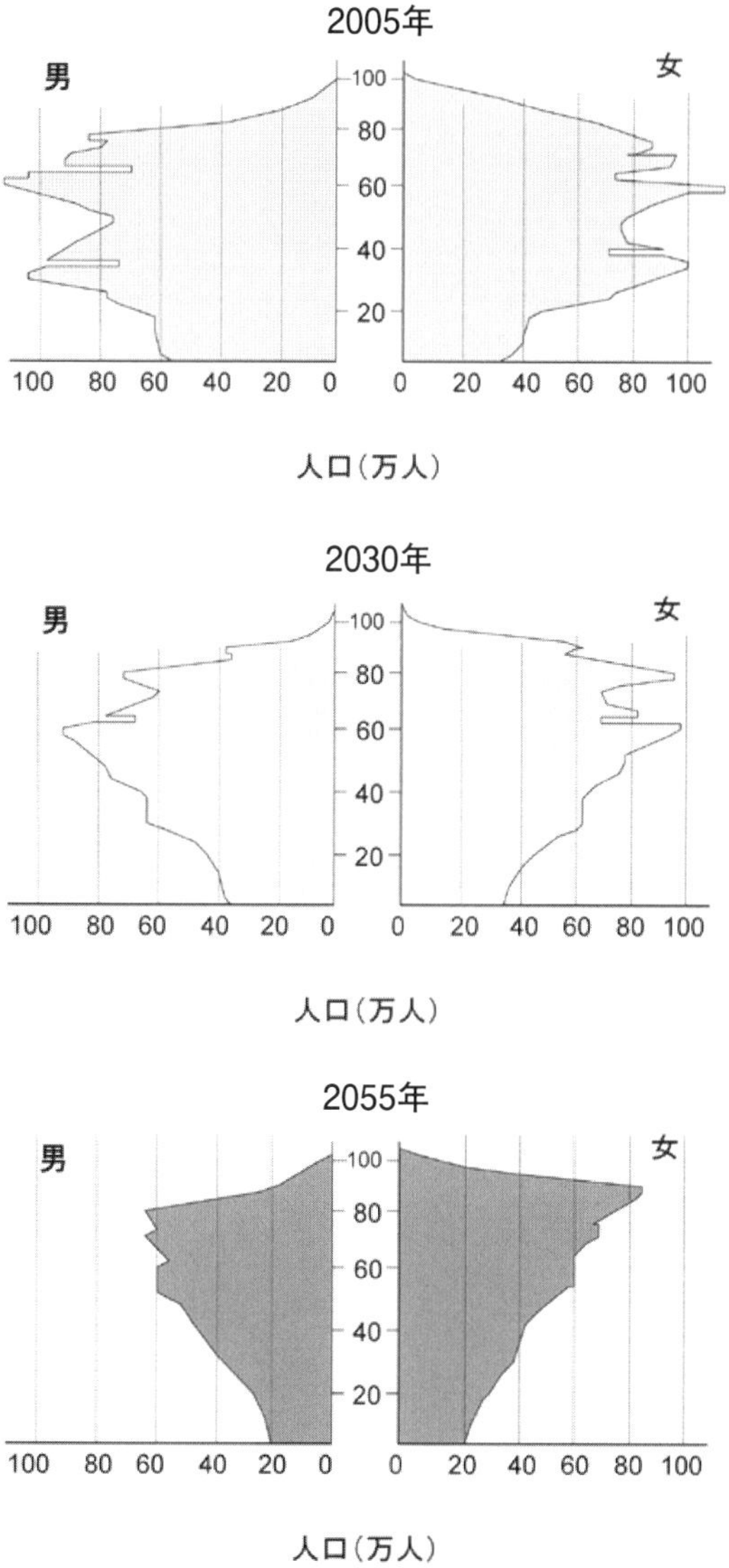

出典：国立社会保障・人口問題研究所（平成18年12月版）推移

2、インド、アメリカ・・・景気が良い国との比較

次に我が国と景気が良い国との比較をしていきたいと思います。

日本では、人口のピークは2006年、今から13年も前に終わり、減少に転じています。その減少度合いがどのくらいかというと、毎年大津市1つ分（35万人）の人口が、日本全国で毎年毎年減っていっているという状況になっています。

世界的に景気が良い国と言われるインドは今どんどん人口も増えています。インドの人口ピラミッドをみると、まさに裾広がりでピラミッドのような形をしています。日本も60年前はこのような形だったものが、少子化による人口減少で裾野の広がりを維持できず、次第に逆ピラミッド型へと変化しています。

次に、労働生産人口をみてみましょう。15歳から64歳の働ける方々の人口を称して労働生産人口といいますが、こちらは1995年、今から24年位前にピークを迎えています。つまり労働性生産人口自体は、人口がピークを迎えるもっと前から、減少に転じていた

インドとの比較

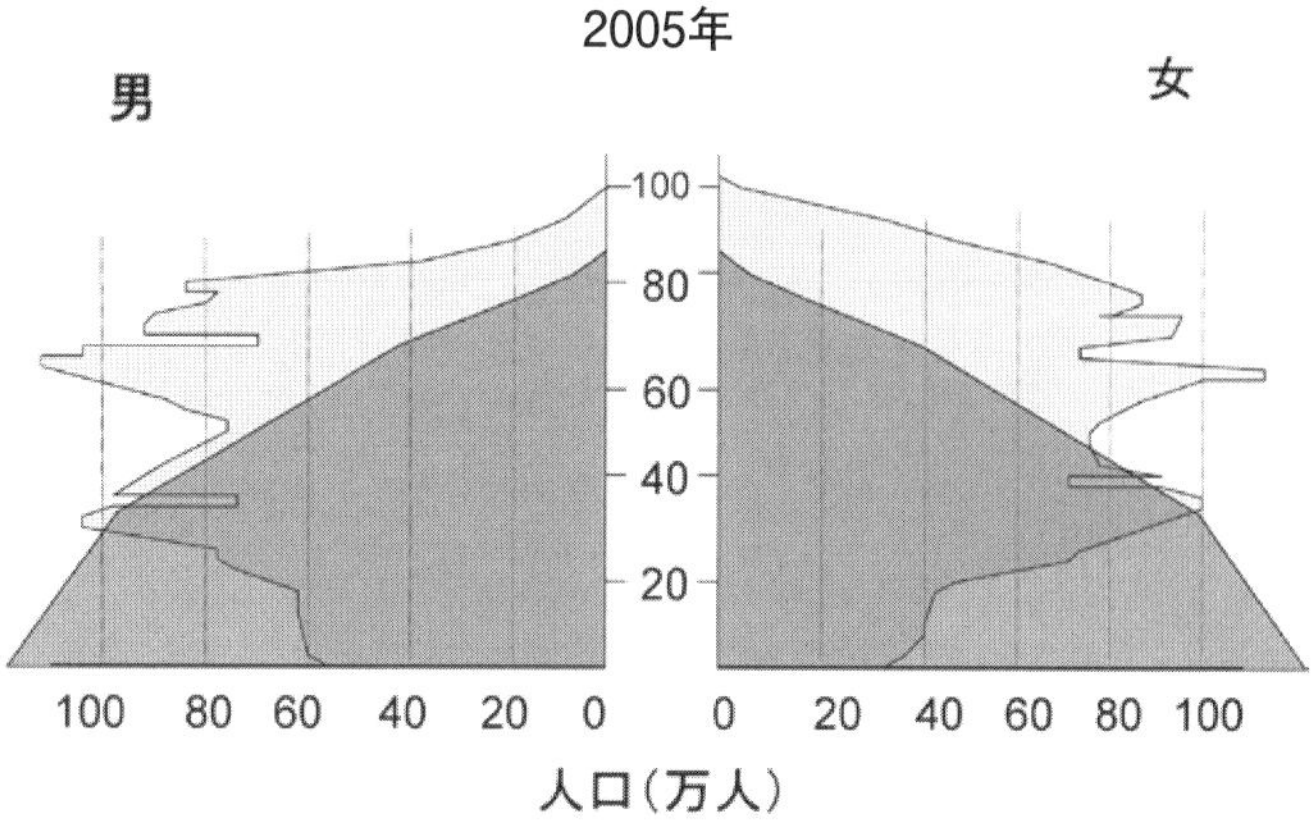

出典：国立社会保障・人口問題研究所（平成18年12月版）推移

少子高齢化社会はすでに来ている

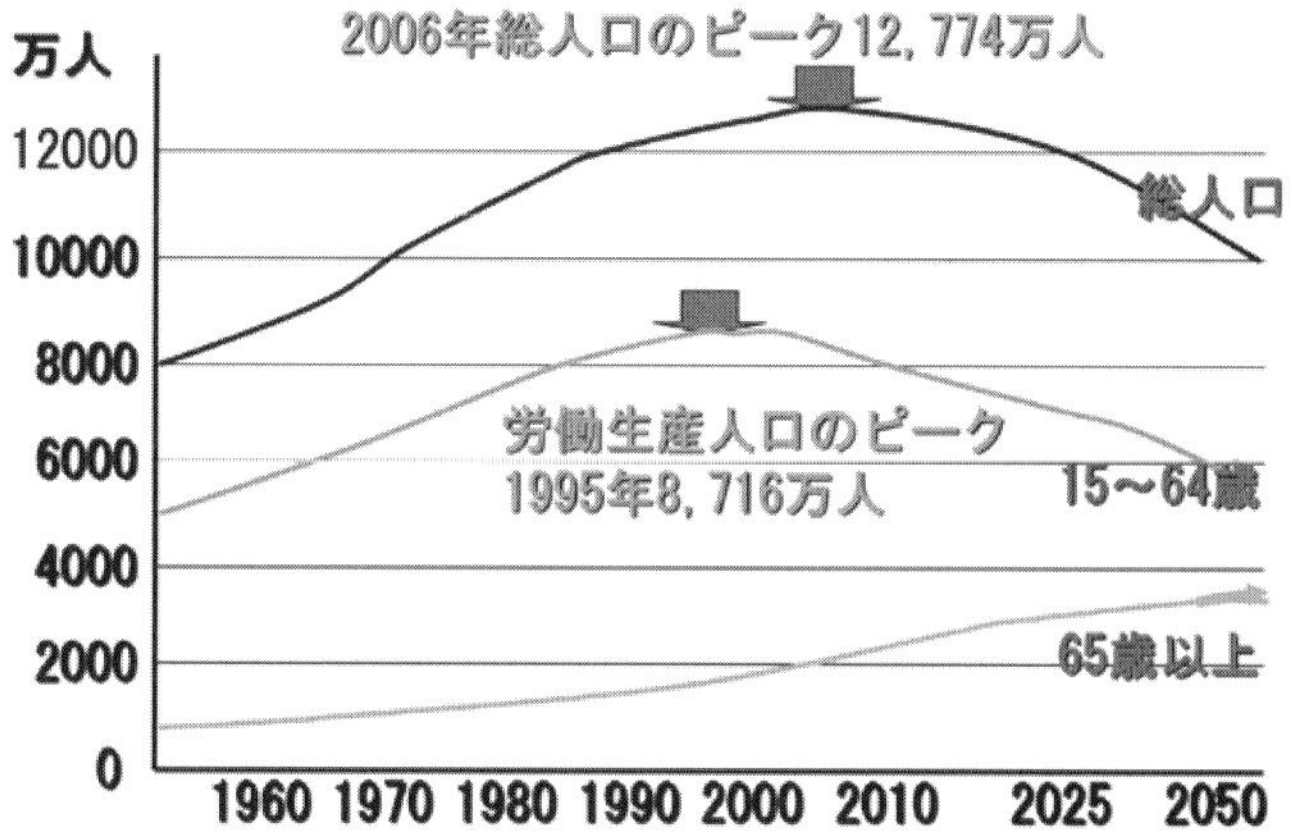

出典：総務省統計局2003年以降は国立社会保障・人口問題研究所推移
新生命保険セールスのアプローチ（近代セールス社）より

ということです。

次に、世界一の経済国であるアメリカと比較してみましょう。

伸び率はインドに及ばないものの、アメリカの生産人口は相変わらず増え続けています。

生産年齢人口が増えていると言うのは、言わずもがな経済成長しているということです。

日本は残念ながら、もう生産年齢人口が減少に転じています。

このままの状態であれば原理的にも経済は縮小していきますので、これから経済成長していくのはかなり難しいといえます。

このような実態を踏まえた上で、今後の資産運用や事業について考えていく必要があります。

高齢化社会に転じた日本は、残念ながら以前のように世界と闘える労働力はありません。

海外からの労働力を取り入れることで動いていますが、人が増えても仕事のキャパが足りないのです。

都会のコンビニ店員や、地方でも工場員などは、既に外国人だらけという現状を直視す

日米の生産年齢人口の推移

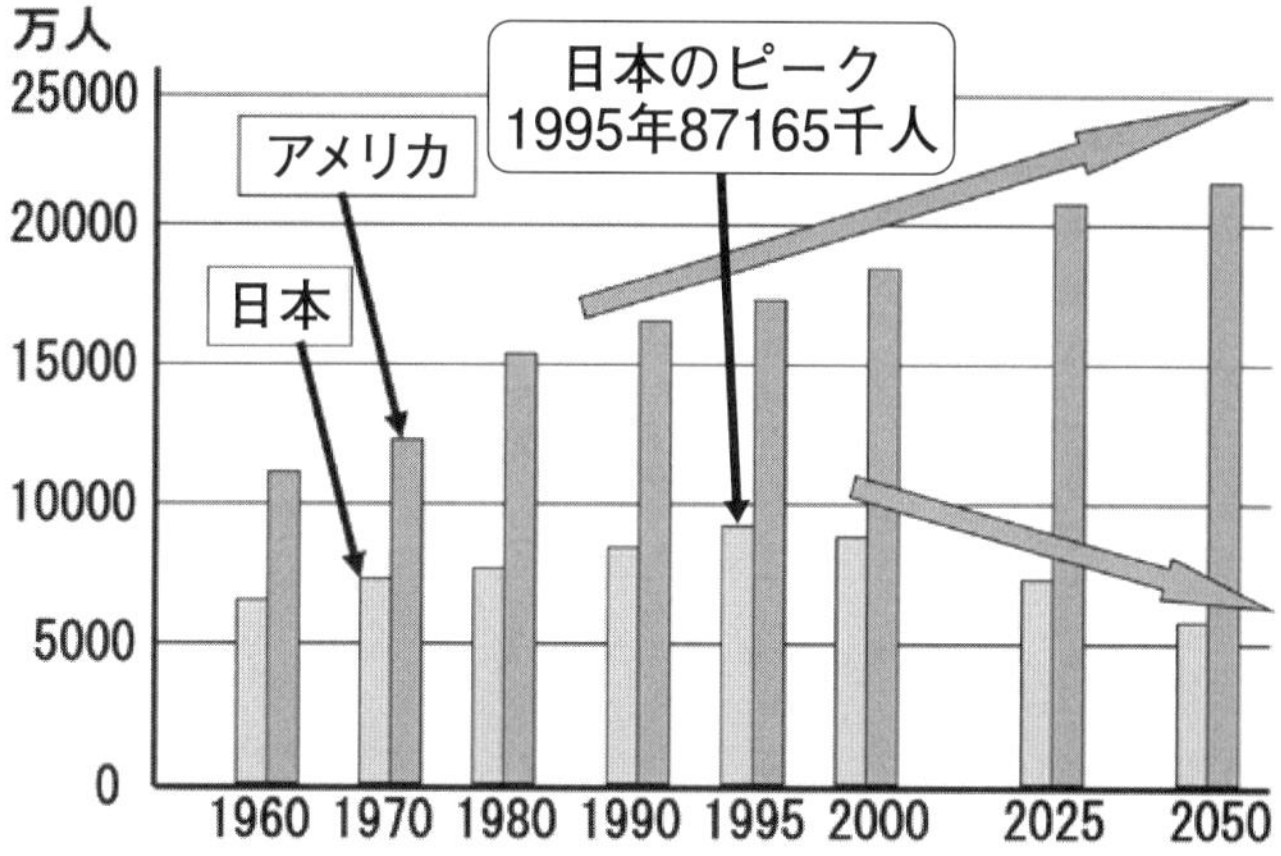

出典：新生命保険セールスのアプローチ（近代セールス社）より

日本は成熟経済社会へシフトした

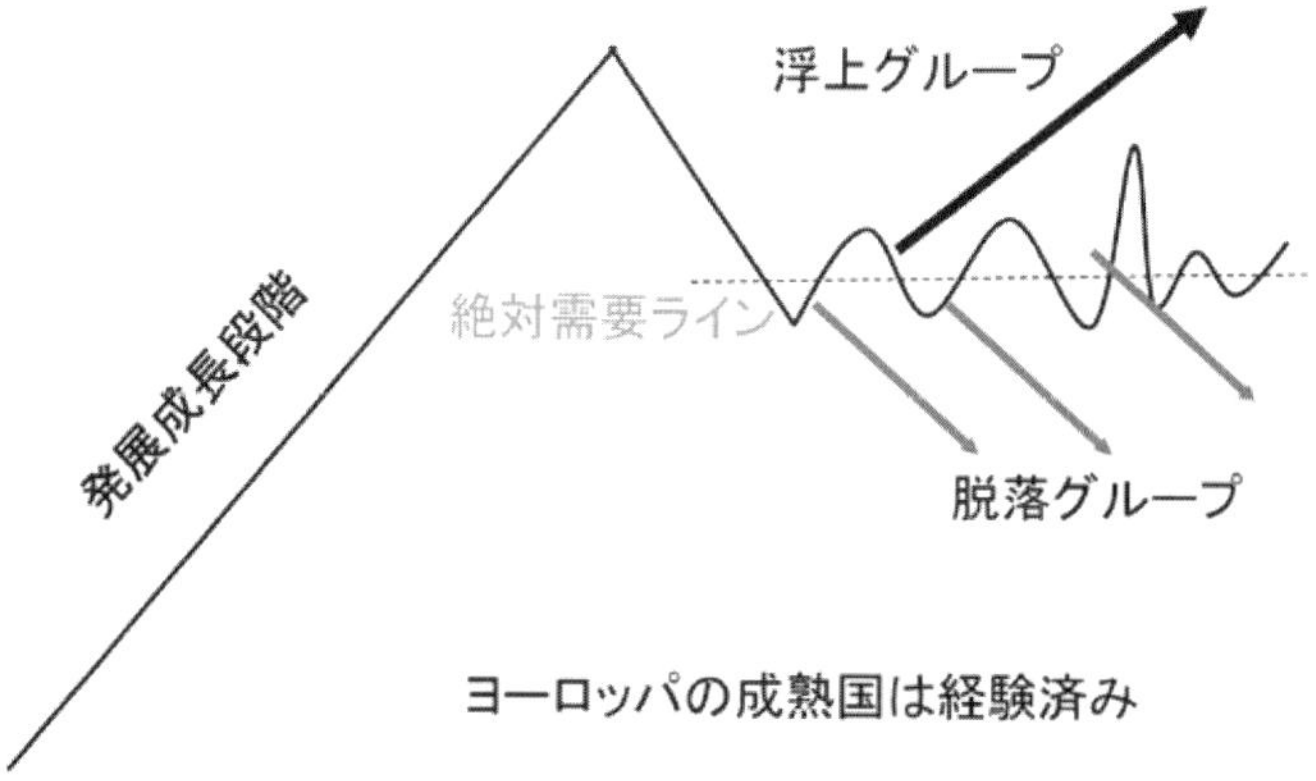

出典：新生命保険セールスのアプローチ（近代セールス社）より

る必要があります。企業のコストダウンができても、肝心のGDPは一向にあがらないのです。

3、国のチカラが弱まった時に起こる国民への負担

高度成長期は、貯金をしているだけでも資産が増えていきました。

預金金利が7％あれば、10年間銀行や郵便局の定期預金に預けているだけで、資産が倍になります。そういう時代であれば、特に資産運用をしなくても、一生懸命働き、給料を貯金しておけば結果的に資産が増えました。

しかし今は残念ながら、貯金をしていてもほとんど金利もつかない、むしろマイナス金利と言う状況です。

世界の構造自体が変わって、金融状況も変わっています。古い時代を知っている人ほど、もっと根本的に発想を変えていく必要があります。

これからは、過去の慣例や常識を180度変えて、ライフプランなどもすぐに考えなお

していく必要があります。

ライフプランの立て直しには数年、数十年かかることもあるので、早すぎるに越したことはないかと思います。

今後の日本は、社会保険料・介護保険料・健康保険料などが激増することが予想されます。高齢者が増えていくほど、そのような社会保障に関わる国民の負担が増えていくからです。

２０１８年度の予算を見てみましょう。一般会計歳出総額97兆円、そのうちの社会保障が33兆円、地方交付税交付金等が15兆円、国債費23兆円という歳出になっています。国債に23兆円、23％なので全体の約４分の１も出ていると言う状況です。

社会保障に全体の３分の１ものお金がかかっています。それを賄うためには97兆円の収入が必要なのですが、残念ながら全く足りない状況です。

公債金と言う、国債や公債を発行して、国民、企業、銀行からお金を借りて、借金してなんとか捻出しています。

【2018年度予算】

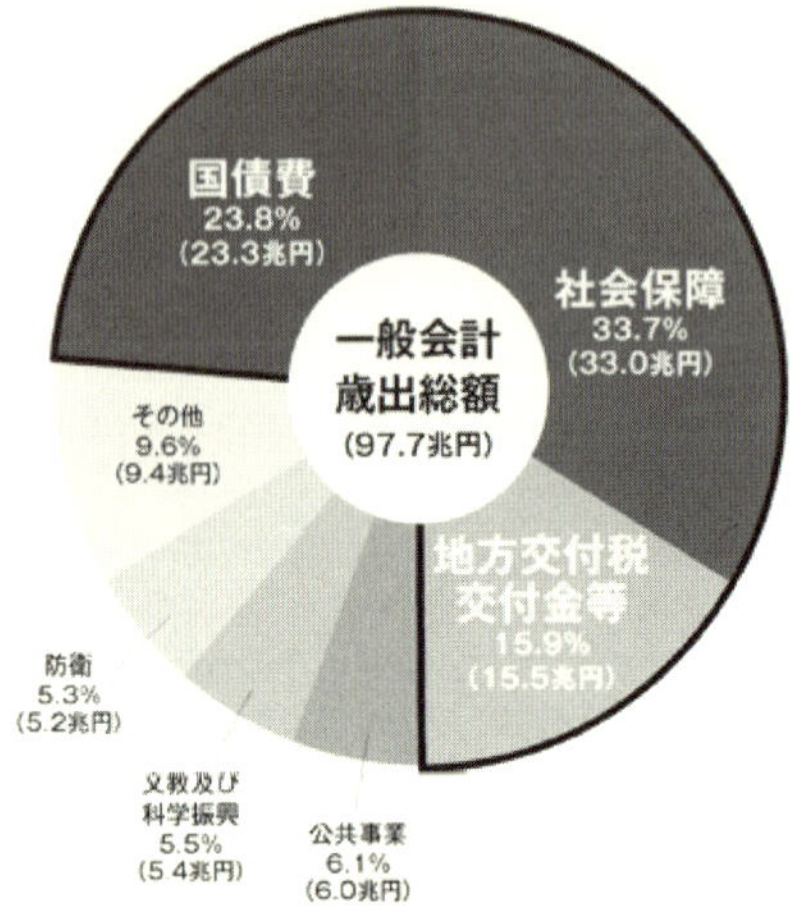

【2018年度予算】

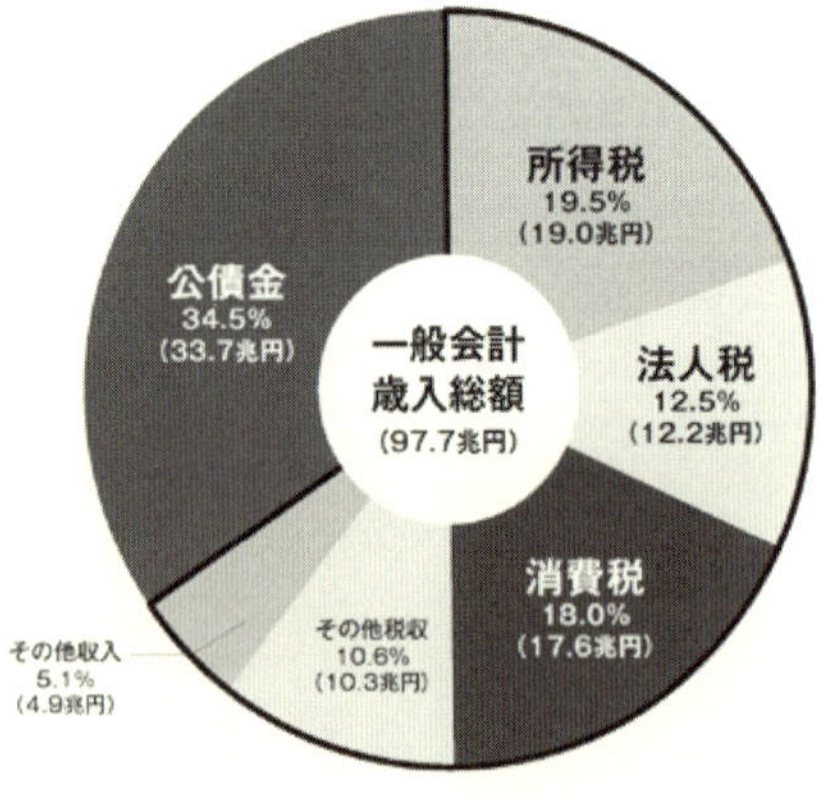

出典：財務省「これからの日本のために財政を考える」より
URL：https://www.mof.go.jp/budget/fiscal_condition/related_data/index.html

一般家庭で言うと、例えば収入が650万円位しかないお父さんが、年間で約350万円借金して生活をしているような状況です。

当然ながら資産を貯めていくような余裕はなく、借金を返すだけで精一杯、と言う危機的な状況。それが今の日本の財政状況です。

なお、これは今に始まった話ではありません。これまで、歳出は一貫して伸び続ける一方、税収はバブル経済が崩壊した1990年を境に伸び悩み、その差はワニの口のように大きく開いていています。

この差は、国の借金である公債の発行で穴埋めされてきましたが、縮小一途の日本経済の環境では、それもいつまで続けられるのかわかりません。

次に、日本が対GDP比、つまりGDPに対してどのくらいの借金をしているかということを見てみましょう。

日本は現在、GDPが500兆円ぐらいのところ、1000兆以上の借金をしていますので、GDPの2倍以上の借金を持っていることになります。

主な国の債務残高

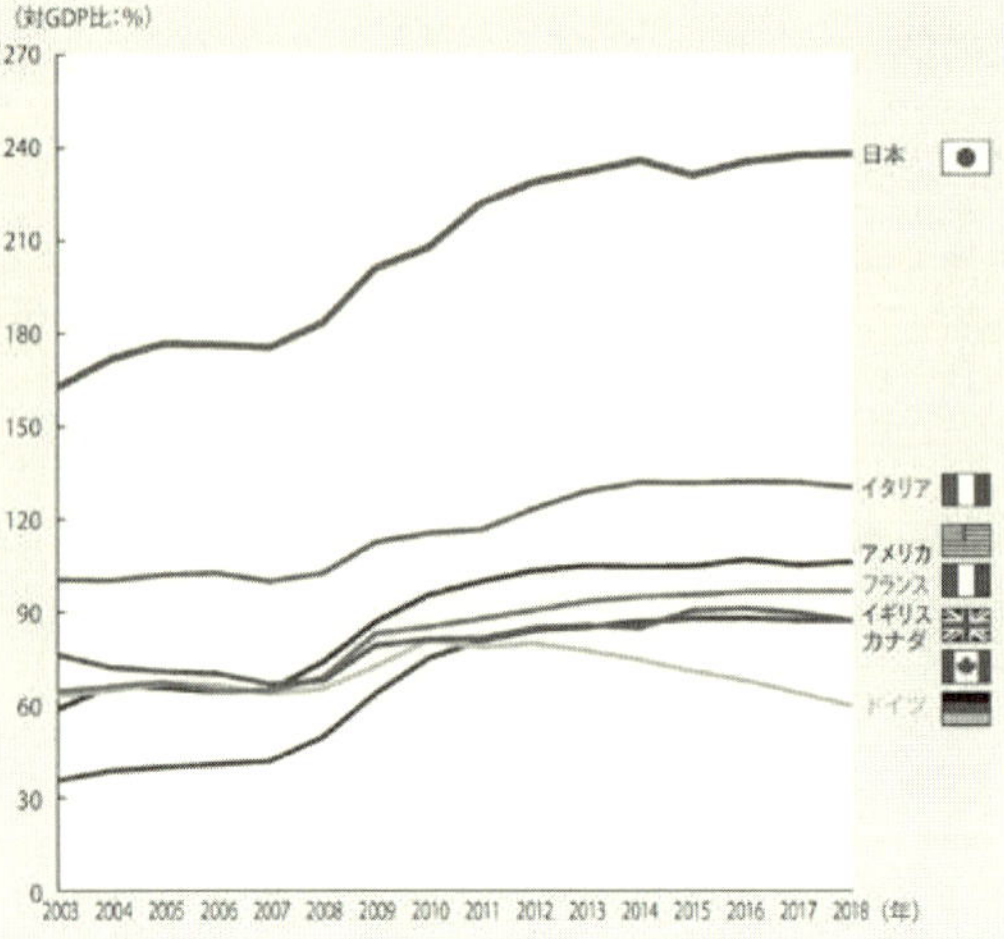

(出典) IMF "World Economic Outlook Database" (2018年10月)

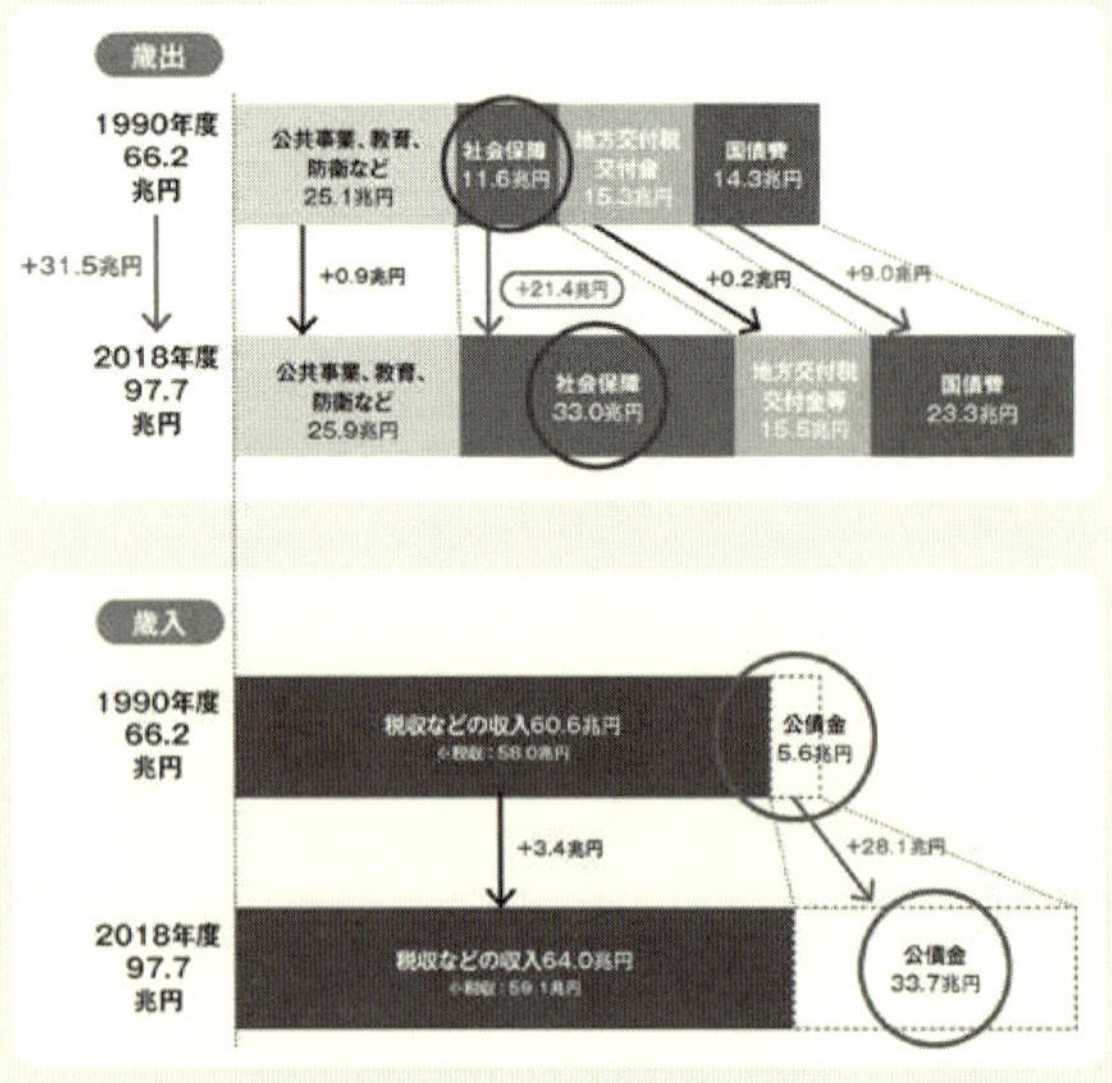

(注) 当初予算ベース

出典：財務省「これからの日本のために財政を考える」より
URL：https://www.mof.go.jp/budget/fiscal_condition/related_data/index.html

先進国の中で、財政が悪い悪いと言われていたイタリアでさえ、1・2倍ぐらい。アメリカも悪いとよく言われますが、1・1倍位です。日本の場合は2・19倍なので、いかに日本の借金が多いかおわかりになるでしょう。

では、なぜこんなに赤字が増えて財政が悪くなっているのか。

一つには、高齢化の進行による、社会保障費の増加があげられます。

歳出に占める社会保障は1990年には10兆でしたが、2018年には33兆円、3倍にもなっています。高齢化の進行で今のところ、社会保障費の医療と介護部分は増えこそすれ、減る見込みは当面ありませんので、ますます苦しくなるといえます。

一方で公共事業や教育などの他の経費は横ばいとなっています。

また、歳入をみますと、税収などの収入の増加がわずかであるのに対し、国の借金である公債金が約6倍と、大幅に増加しているのがわかります。

4、2025年以降の社会保障費はいくら必要？

今後、高齢化はさらに進行し、いわゆる「団塊の世代」全員が後期高齢者である75歳以上になるのは2025年と言われています。

さらに、20～64歳の現役世代が大幅に減少する2040年に向けて、特に医療・介護分野の費用はGDPの伸びを大きく上回って増加し続けると予想されています。

2018年、2025年、2040年の社会保障費の推移予想をみると、まだまだ年金・医療・介護のためのお金が増えていくことがわかります。

このように、社会保障費の増大により、国の財政がより苦しくなっていくことは明らかです。そのため消費税を8％から10％に増税して、その消費税を全部社会保障費に当てていくと計画されています。

しかし、実際のところ10％にしても全然足りないという状況です。

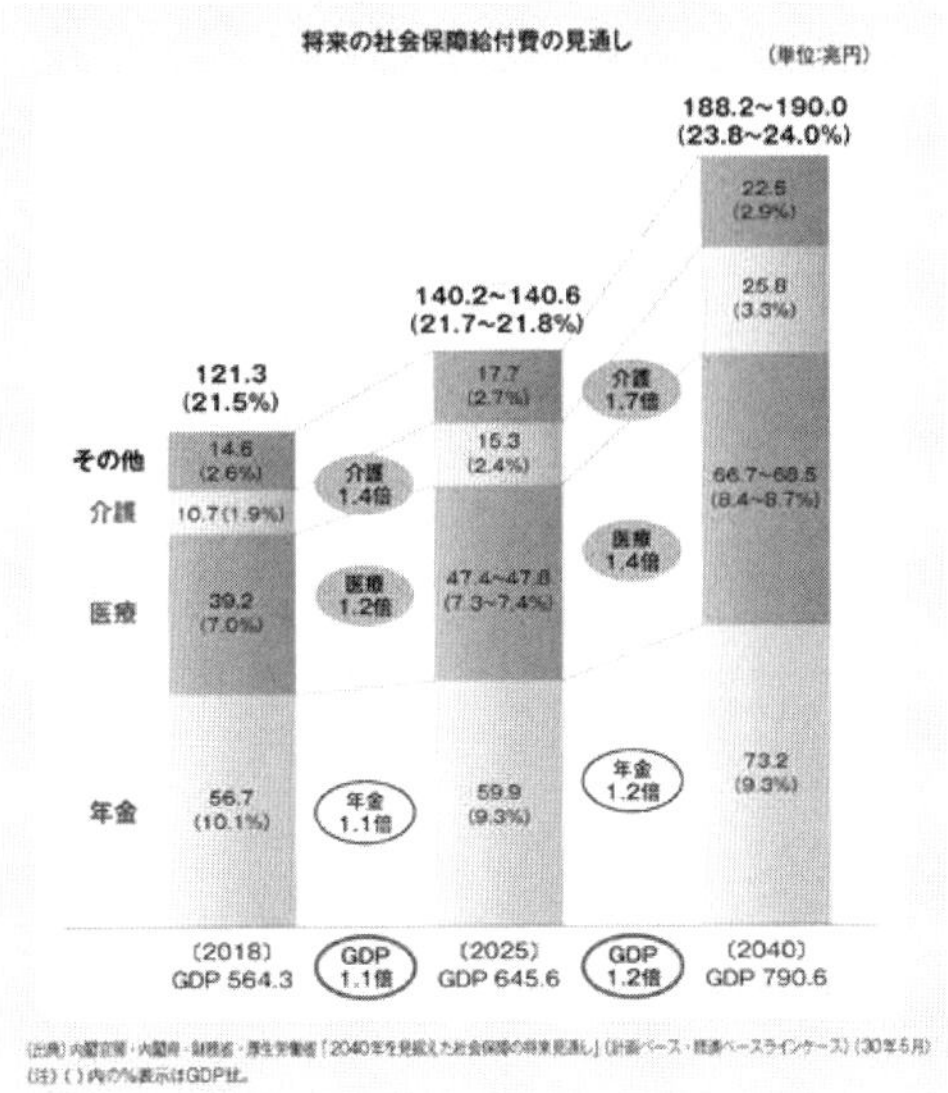

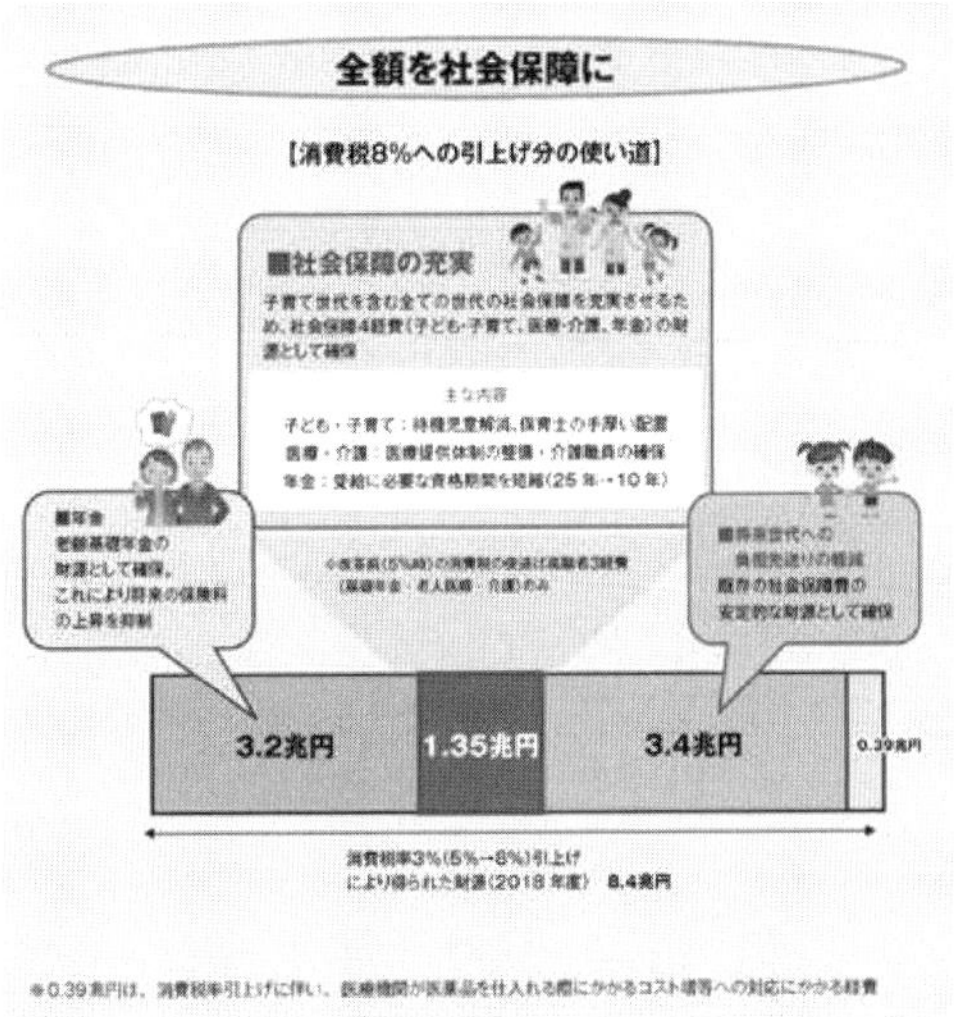

出典：財務省「これからの日本のために財政を考える」より
URL：https://www.mof.go.jp/budget/fiscal_condition/related_data/index.html

私の2冊目の著書『改訂新版「人間繁盛、商売繁昌」への7つの実践!』(ごま書房新社)の文中で、元モルガン銀行(現JPモルガン・チェース銀行)東京支店長兼日本代表の藤巻健史先生(現参議院議員)にお話をいただきましたが、このままだと消費税を20%、25%と上げていかないと財政は回らないとおっしゃっていました。

これは、プロの目から見ても10%ではまだまだ足りず、いずれ20%とか25%にせざるを得ない時がくる可能性がある、ということです。いずれにせよ、日本の財政は現在、非常に厳しい状況になっています。

これらのことから単純に予想できることは、医療費の自己負担額の増加です。
今は健康保険を使うことで、医療費は3割負担、高齢者は1割負担とか2割負担ですが、おそらく今後は今2割の人は3割、3割の人は5割、といった形で、自己負担分が増えていくでしょう。

同様に、おそらく年金も、今は65歳から年金がもらえるものが、67歳、70歳、75歳と、どんどん後ろに支給年齢が伸びていくのは確実です。

これまでは老後というと、60歳の定年まで働き、退職金をもらって引退後は年金と退職金で悠々と生活できた時代でした。しかし、これからは退職金もあてにできず、年金を貰える年齢も後ろ倒しになり、貰える額も減り、そして足腰がたたなくなった頃に医療費も高くなって・・・という時代に入ります。

いろんなことを、自分自身で考えて準備し、実行していかないと、本当に厳しい老後がやってくるということです。

5、そしてやってくるハイパーインフレによる「円」の価値暴落

日本の財政問題は、まだまだ出口が見えていません。では、どうしたらいいのか。

1つは徐々に徐々にインフレにして、物価を上げていって、結果的にお金の価値を下げて借金を減らしていけばいい、という意見もあります。

今は政府が2％の「インフレ目標」を掲げていますが、実際デフレは脱却できず、なかなか難しい状況です。

お金の価値　～物価の上昇～

下の図を見ると、過去３５年では、預金と比べ物価は高くなっていることがわかります。

＝ 1970年からの預金、物価、株式、土地の上昇 ＝

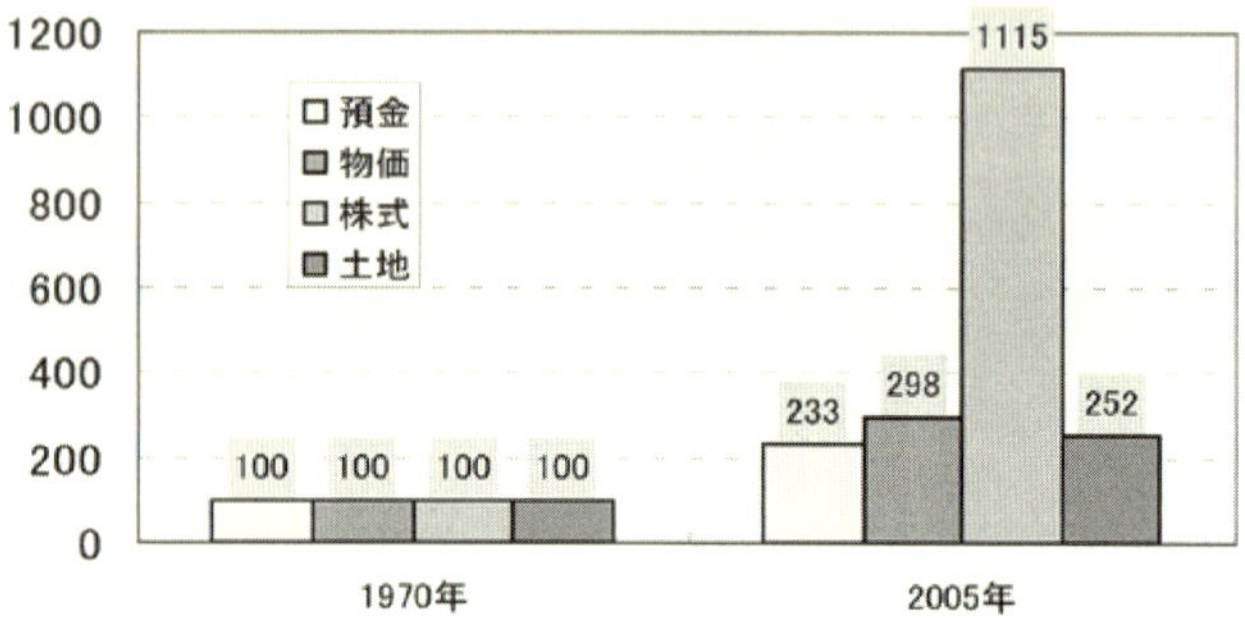

データは、預金＝IMF Japanese Deposit Index（1970～1998年末）
有担保コールレート（1999～2005年末）
物価＝消費者物価指数
株式＝東証株価指数をそれぞれ使用
土地＝国土交通省発表公示地価（全用途）

もしこのインフレ目標が達成できた場合、毎年2%で10年間物価があがっていくとすると、単純計算で20%の物価上昇です。

今まで１００円で売られていたパンを購入するのに、１２０円必要になってくるということです。１００万円の買い物には１２０万円が必要になるということです。

つまり、物価が上がるということは、貨幣の価値が下がっているのです。

いま日本の銀行で「円」で預貯金を持っている人は、実際のお金の価値が下がりますので、資産価値が大きく目減りすることになります。

日本では、お金の話はタブーとされ、あま

りお金の話を口にしない歴史があります。お金の話は、いやらしい、がめつい、はしたない、という感覚でしょうか。学校でもいわゆる「お金の勉強」というものは、ほとんどしないと思います。

一方、世界TOPクラスの資産運用大国であるアメリカは、小学生や中学生の頃からお金の勉強を始めると言います。その差がいまの両国の経済状況に現れているのかも知れません。

今後は日本人も、しっかりお金の勉強をして、金融知識をもっともっと増やしていかなくては、個人も国も生き残っていけない、そう実感しています。

以前、ベトナムの証券会社に現地の視察へ行ったことがあります。

その証券会社の20代後半位の女性社員さんが、「ベトナムの通貨は持っていてもインフレで価値がなくなっていくので、お給料をもらったら、生活費の分だけは置いておいて、それ以外はすぐにドルか金に換えます」と言っていたのがとても印象的でした。

自国のお金は全く信用せず、海外の通貨を信用しているのがベトナムの常識なのです。

ベトナムの町中ではやたらと金庫が売っていて不思議だったのですが、これは買ったドルや金を、保管しておくためだったそうです。

彼女は、将来的には「貯めたドルや金で、不動産や土地を買いたい」とも言っていました。いかに自国の通貨だけを現金で持っているということが、危険であるか。そのリスクをベトナムの20代の女性でもしっかり理解して、未来をみすえて行動しているのです。これは立派な資産運用、資産防衛の行動です。

今後、「円」の価値が下がる可能性の高い日本でも、資産防衛は必須の知識となる時代になってくるかと思います。

ハイパーインフレは、実際に世界でつい最近も起こっている出来事です。

例えばブラジルや、トルコなどでも最近ありました。また少し前のドイツなども世界的話題となりました。

このように、経済が停滞した結果、物価が急激に上がって、その国の貨幣の価値が下がってしまうことは、珍しいことではありません。

日本も戦後ハイパーインフレという現象が起こりました。

例えば、ビールなどは、昭和21年は6円だったものが、23年には162円と、約25倍に上がってしまった過去があります。

特にこの昭和21年からは預金封鎖および新円切り替えが行われ、物価全体の価格が50倍以上に上がってしまったそうです。その結果、「円」の価値は、10分の1程度に下がってしまいました。

こんなハイパーインフレが起こったら、せっかく1000万円を貯金して持っていても100万円の価値になってしまいます。

「まさか経済大国日本が！」とまだ思われている方は要注意です。

実は今の、日本の財政の借金の状況というのは、この戦後の状況とほとんど変わらないといわれています。この当時もちょうど今と同じく、借金がGDPの倍を超えている債務状態だったそうです。

早めに動くことをお勧めしたいと思います。

インフレが起こり始めてから対策をされても、「これだけの損で済んだ」という損切りのような残念な結果が残るだけになります。

第3章
間違いだらけの「安心の王道ライフプランニング」

1、大きく変わった令和の「ライフプランニング」

ここでは、20世紀の成功事例は既に時代遅れで、令和の時代にはもう通用しない、というテーマでお話させていただきます。

まず、従来の20世紀のライフプランを見てみましょう。

いい大学を出て、いい会社に就職し、20代～30代で結婚。専業主婦の妻と2人の子供を養い、マイホームとマイカーを持ち、60歳まで頑張って働いたら、60歳で定年退職。

退職金が貰えて、60歳からはお給料の代わりに年金を受給する。それで一生安泰・・・これが20世紀のライフプランです。

高度経済成長下、家のローンを組んでも、給料もどんどん上がりました。また、特に問題がなければ60歳まで、一生雇用してもらえました。

過去の人生の価値観

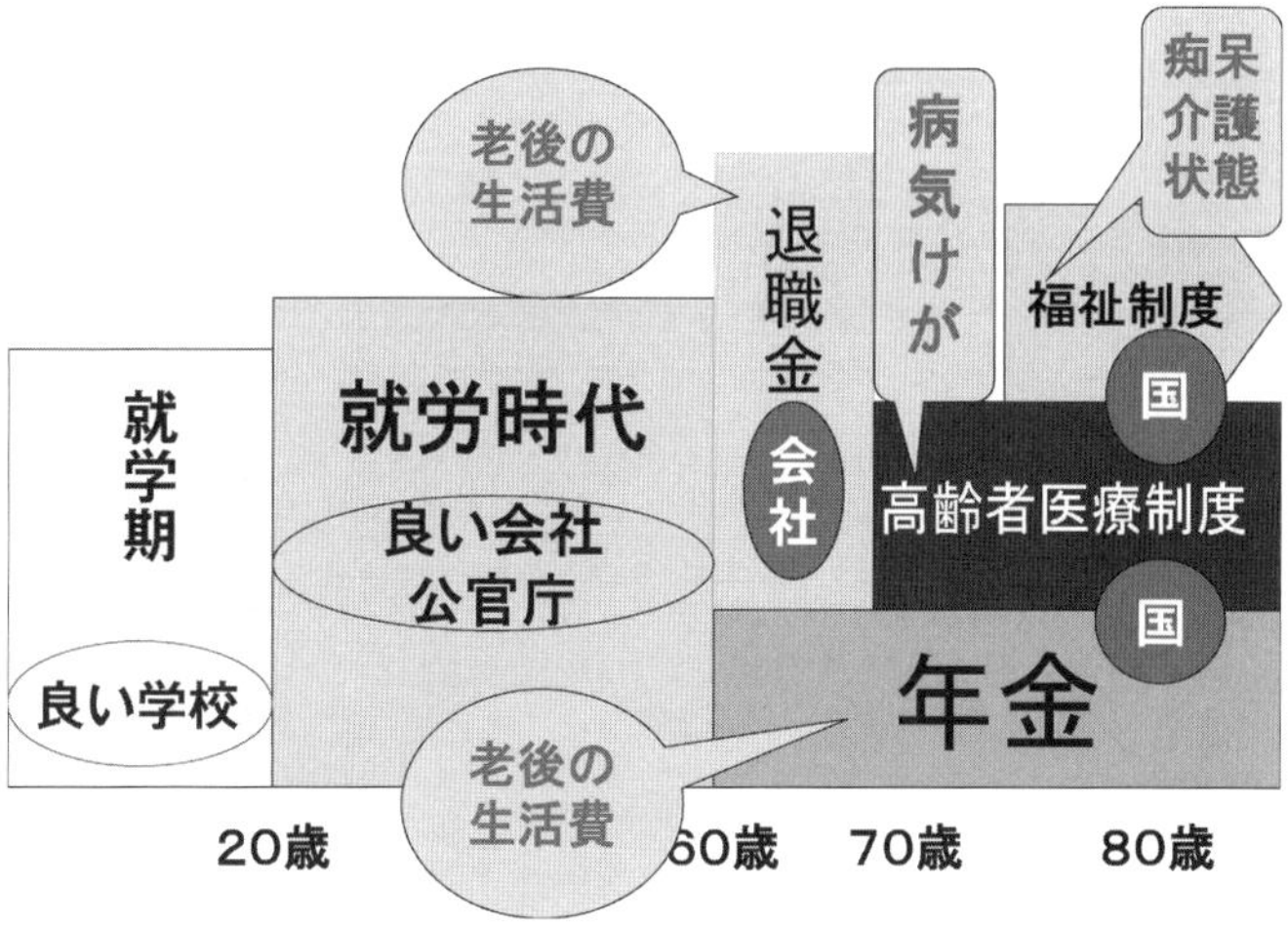

20世紀型のまま変えないと?

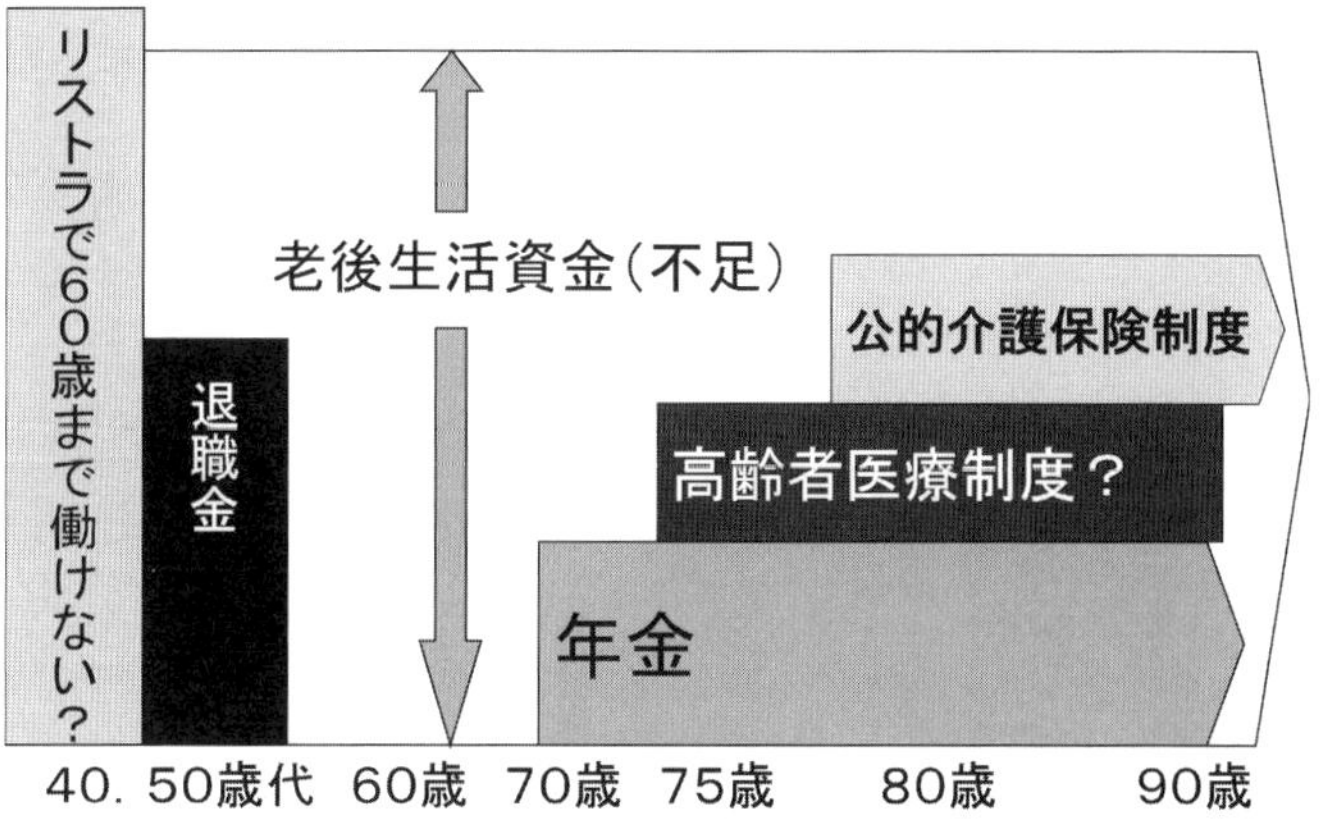

出典：新生命保険セールスのアプローチ（近代セールス社）より

しかし、バブル崩壊を契機に、時代は大きく変わりました。

非正規雇用やリストラが増え、果たして60歳まで安定して働けるのか、という問題があります。

加えて、無事60歳まで勤めて定年を迎えたときに、退職金を貰えるのかどうかもわかりません。今は上場企業も含めて、退職金制度の見直しを行う企業が増えており、退職金の額が想定より大幅に低くなる可能性もあります。


そして大きな社会問題になっているのが、年金の支給年齢の引き上げです。

60歳で定年を迎えたとしても、年金の支給開始は65歳。この空白期間の生活資金をどうするか。これが老後のライフプランの大きなポイントになります。

60歳で引退ではなく、65歳、70歳まで働き続けるのか、会社の再雇用制度はどうなっているのか、確認しておきましょう。

雇用に限らず、手に職をつける、自分でビジネスをする、不動産収入や債券の利回りで生活できるようにするなど、いろいろなやり方で準備しておく必要があります。

また、高齢者の医療制度なども崩れてきていますので、自分で健康に気を配り、病気にも備えておかなくてはなりません。

不確定要素が格段に増えている令和時代のライフプラン。

過去の価値観から脱却し、会社や国の制度がなくなっても大丈夫なように、自分自身で考え、備えていく自立的な取り組みが求められます。

2、人生の三大出費、知っていますか？

人生の三大出費は住宅費、教育費、保険の3つといわれます。

一つずつご説明していきましょう。


まず住宅費ですが、すでに不動産が確実な資産であった時代は過ぎています。家余りの時代、賃貸物件の家賃も下がってきていますので、まずは購入と賃貸どちらがいいのか、よく検討してみましょう。

マイホームを購入する場合は、できるだけ価値の落ちない、人気の立地にこだわるべきです。住宅ローンの組み方についても、果たしていくつまで、いくらまで払えるのか、よく考えて検討した上で組む必要があります。

大学卒業までにかかる教育費

○大学卒業までにかかる平均的な教育費（下宿費、住居費等は除く）は、全て国公立でも約800万円。
全て私立だと約2,200万円に上る。

（単位：円）

区分	学習費等（※）総額					合計
	幼稚園	小学校	中学校	高等学校	大学	
高校まで公立、大学のみ国立	662,340	1,821,397	1,379,518	1,175,267	2,626,400	7,664,922
すべて公立	662,340	1,821,397	1,379,518	1,175,267	2,697,200	7,735,722
幼稚園及び大学は私立、他は公立	1,610,918	1,821,397	1,379,518	1,175,267	5,267,200	11,254,300
小学校及び中学校は公立、他は私立	1,610,918	1,821,397	1,379,518	2,755,243	5,267,200	12,834,276
小学校だけ公立	1,610,918	1,821,397	3,839,621	2,755,243	5,267,200	15,294,379
すべて私立	1,610,918	8,810,687	3,839,621	2,755,243	5,267,200	22,283,669

※幼稚園～高等学校：学校教育費、学校給食費及び学校外活動費の合計
大学：授業料、その他の学校納付金、修学費、課外活動費、通学費の合計（学費）

幼稚園～高等学校：文部科学省「平成22年度子どもの学習費調査報告書」に基づいて作成
大学：独立行政法人日本学生支援機構「平成22年度学生生活調査報告」に基づいて作成

出典：文部科学省 平成22年報告書より

20世紀型のライフプランを捨てる

1. 有名ブランドの学歴を追求する
2. 有名ブランド会社に就社
3. 適当な時期に住宅ローンを組む
4. 言われるままに、払える保険料で生命保険に付き合う。
5. 親が学資保険等で子供の教育費を十分準備する。
   不足する場合は学資ローンを組む
6. 60歳まで働き、老後は退職金と年金で悠々自適の生活をする

21世紀型ライフプラン

1. 自分のリタイアの時期を男性75歳女性80歳にスライドさせる
2. 学校名、会社名なしの自分の定価を上げる為の学歴・職歴をつける（年俸は定価ではない）
3. 明確なライフプランなしに住宅ローンを組んだり、生命保険に加入しない
4. 親のライフプランを子供より優先する（子孫に美田ではなく、借金を残さない）
5. 地球環境を考え、できることからエコに取り組む。

次に、教育費について考えてみましょう。

今までは、親が学資保険に入って子供の教育費を準備し、子供を大学まで行かせていた時代でした。子供の教育は本当に大事なことですが、幼児期からの習い事や、私立の小中学校を受験するための費用、入学後の学費などの教育費の負担が大きすぎ、老後資金を圧迫する事例が増えています。

子供の可能性を伸ばしたい親心はわかりますが、結果として老後、子供に迷惑をかけてしまうことにもなりかねません。無理をして私立に入れるのではなく公立でもいいのではないか、習い事も本当に必要なのかどうか、よく考えた上で教育費のプランをたてましょう。

そして、3つめの人生の三大出費は「保険」です。

これは長くなるので、詳しくは後述しますが、保険についても早い段階で見直す必要があります。

特に長寿時代の昨今では、過去のプランでは全く保険が適用されない、保険金が支払われないこともあります。

3、長寿時代に「老後の生活資金なんてたいしたことない」わけがない

では、さきほどの続きで、現在では老後の生活資金というのは、いったいどのくらい必要なのか考えていきましょう。

一般的には、夫婦2人で持ち家の場合、毎月25万円。このぐらいあれば、生活はしていけると試算されています。

しかし25万円位ですと、かなり慎ましい生活になると思われます。もう少しゆとりを持った生活を送る場合は、38万円位といわれています。

私がお世話になっているお客様のケースをご紹介します。

その方は現在68歳。60歳で定年退職をされて、年間500万円、月々40万円ぐらい使える状況になるよう生活設計をし、55歳の時からその準備も一緒にさせていただきました。

毎月40万くらいの生活費があると、年に1、2回の海外旅行や、趣味に使えるお金もあって、結構余裕のある生活をされています。ある時は、一か月海外に短期留学にも行かれた

老後の生活資金は?

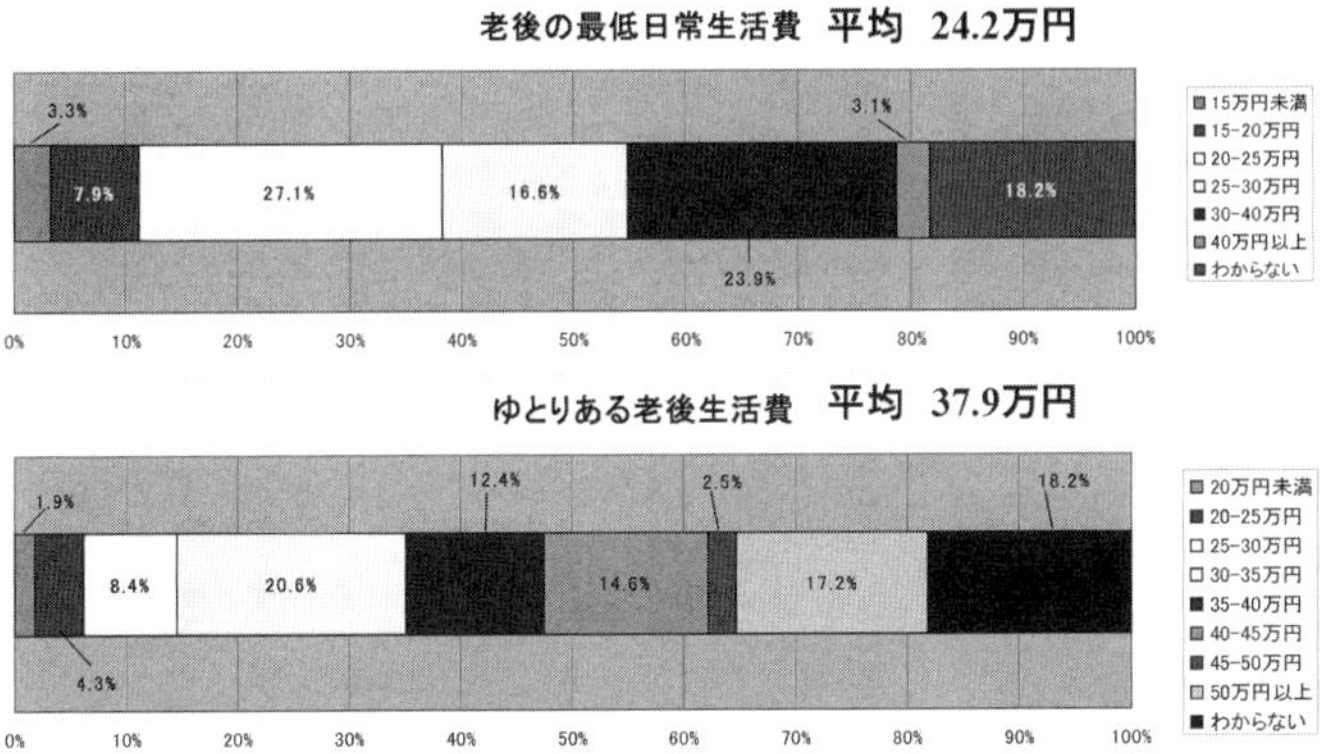

出典：平成16年度生活保障に関する調査（財）生命保険文化センターより

りして、悠々自適に生活をされています。

普段は派手なこともされず、倹約しながら生活されていますが、40万円くらいあれば、旅行に行ったりしてゆとりがある生活をしていけるんだな、というのをその方とお話しをしていると感じます。

逆に25万円ぐらいですと、生活はできますが、旅行や趣味を楽しむという余裕までは、なかなか難しいというところです。

4、「預貯金しておけば手堅い」は昔の話

老後の生活費は、まずは年金を受け散れるまでの60歳から65歳がポイントであるとお伝えしました。ただ、若い人は今後、67歳、70歳くらいまでは考えないと、年金の支給開始時期はどんどん遅くなります。

できればもう「年金は無くてもいい」くらいに考えた方がいい状況です。

以前は預貯金にしておくだけでも十分金利が付いたので良かったのですが、もうそういう時代は終わって、金利0・01％など、雀の涙ほどもありません。

仮に金利0・1％の場合、元本が二倍になるのには720年かかります。（ちなみに、720年前は鎌倉時代です）

日銀の目標のインフレ率2％に上がっていくと、もし0・1％しか金利が増えなかったら、どんどんお金の価値が減っていく状況になります。

預貯金のリスク?

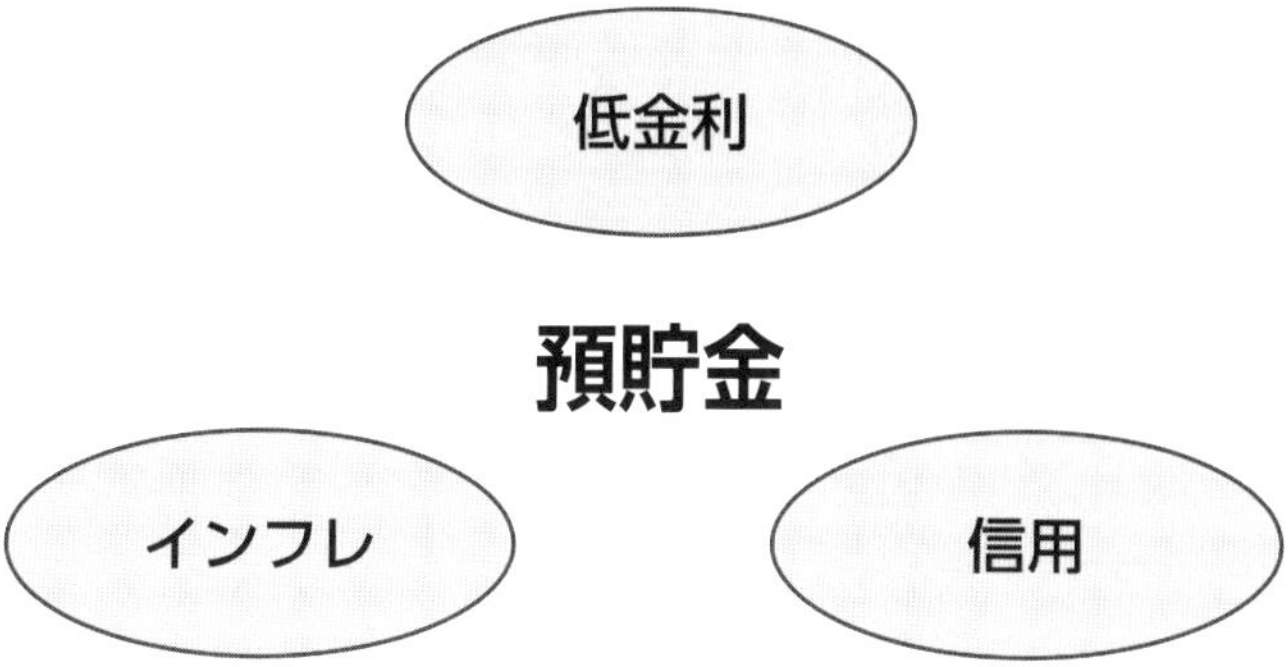

預貯金は、安全安心、元本保証で減りはしないのですが、インフレになると実質価値は下がっていきますし、せっかく持っていても増えません。万一預けている銀行が破たんした場合は、ペイオフで１０００万円以上の預金は保証されませんので、実はリスクもある、そういうところも理解しておく必要があるでしょう。

実際、１９７０年から２００５年までの35年で言うと、当時のインフレ率を考慮すると、預貯金だけでは実質価値が下がっています。

そういう意味でも、円の預貯金だけを持っておけばいい、という時代は終わっています。私のお勧めは分散投資、特に米国債や米ドル建社債への投資ですが、皆さん、ドルは為替リスクがあって怖いとおっしゃいます。

しかし株と違って、ドルの場合は自分である程度コントロールが可能です。

円高の時には、円の価値が高いので、自分の持っている預貯金や収入の価値が上がっているのです。

つまり、円高の時はドルの価値が下がっているのですが、円の価値が上がっているので、円を使うと有利になります。

一方、もし円安、1ドル150円とか200円になった時は、円の価値が下がっているので、その時は貯えていたドルを使うという形で、両方持っておけばその選択、コントロールが出来るのがドルを持つメリットだといえます。

5、「長期株は手堅い」はバブル期の幻想

「インフレになると株があがる」

「株は長期で持てば必ず上がるので、損はしない」

こんな言葉を聞いたことがあると思います。確かに、戦後日本の株価は大きく上昇しま

日本株に10年間運用した時の利回りは？

・1,000万円　日本株　100%運用の場合
（東証株価指数（TOPIX）の場合）

10年平均利回り　－1.2%

1,000万円　→　884万円

（1994年3月～2008年4月）

東証株価指数（TOPIX）の推移は？

	年初
1964年	9100
1968年	100
1990年	2867
1995年	1553
2000年	1717
2005年	1153
2010年	915
2015年	1401
2018年	1863

1989年の最高2884をこの30年間超えていない。

した。しかし、それは人口と経済の成長があってこその上昇です。

現在のように少子高齢化で経済縮小している状態では、長期投資をすれば利益を得られるとは言い切れません。

日本株に10年間投資して運用した場合の平均利回りを見てみましょう。

１９９４年から２００８年の間に、順番に10年間持ったとして、その平均を取ったら増えているのかというと、10年間の平均利回りが－１・２％。結果的に株に１０００万円投資していた人は10年置いておいたら、８８４万に目減りした、というデータです。

次に、東証株価指数という株の平均の指数（トピックス）データですが、１９６４年91で、１９６８で１００だったのが、１９９０年バブル崩壊する前には、２８６７まで、ざっと28倍になりました。

それが１９９０年をピークに、全く増えていない、むしろ減っています。

１９８９年以降は、未だ最高株価も更新できていません。

ちなみに、１９４９年から１９８６年の37年間は、10年運用したら必ず増えていました。

東証株価指数（TOPIX）の推移は？

1949年～1986年までの37年間、
10年間運用すると必ず増えていた。
株を長期保有すると増える時代だった！

1987年～2008年までの21年間、
10年間運用すると、
増えた回数　7回
減った回数　14回
株の長期保有で増える時代は終わった！

1987年から2008年までの21年間は、10年運用すると、7回はタイミングによっては増えました。ただ14回は負けていますので、負ける方が圧倒的に多いこともわかります。

アベノミクス以降は、株価が上がっているので儲かっている、という人もいます。気になって実際に調べたところ、過去からのデータで見ると、やはり平均するとほぼ大半の方は勝ち続けられず、どこかで負けに転じています。

これからの時代は、よほど上手に運用しないと、残念ながら日本の株ではもうからない、増えないという時代に変わっています。

そしていよいよ、我が国の株価も混沌とし

た状態です。

下手に株の長期保有をすると、塩漬けになるだけかもしれません。

こんな状態なので、もし株をするのであれば、今後も経済成長をする国、発展途上国やこれから伸びるアジア・・・そういう国の株を持つ方が良いでしょう。

6、「人生の三大出費」最大の課題・・・生命保険

そしてさらに考えた方がいいのは、三大出費の最後の一つ、保険についてです。

ここでは生命保険についてお話しますが、生命保険も20世紀までは、どこの保険会社の保険に入っても保障内容と保険料はほとんど同じでした。

ですから、好きな営業の人を通じて入っていれば良かった時代だったのですが、今は、保険会社によって保障内容や保険料が変わりますし、割引もあったりします。

各社の商品の特長を良く見極めて、また、保険のタイプ（掛け捨てか、一生涯の保障か）ということころも含めて、しっかり検討して考える必要があります。

まずは、ご自身が今入っている保険について確認してみましょう。
皆さん、毎月1万円とか3万円とか、払っている保険料は把握していらっしゃいます。しかし肝心の保険内容、保障内容や、保険のタイプ、保障される年齢などは、ほとんどの方が理解しておられません。

特に重要なのは、一生涯保障があるのか、60歳までなのかという点です。いざというときになって「保障切れで全く保険が支払われない・・・」と気がつき、途方に暮れる方が多いことからも、この点への理解が低いことがうかがわれます。

まずは自分の保険の内容を把握する。そしてそれが本当に必要な保険か、老後でも大丈夫か、将来、保険料がアップしていかないか、なども早急に確認する必要があります。

また、死亡保険金についても、無駄に多額にかけると保険料の負担が大きくなります。遺族年金という、万一の時に貰える年金を考慮しているか、ライフプランに合っているかということも、良く確認してください。

保険会社間の競争から、保険料も、昔よりも安くなっているケースがあります。
先日もあるお客様の保険を見直したところ、元々の保険であれば、総支払が1187万円だったものが、見直し後は552万円。約半額に下がりました。

生命保険　見直し事例①

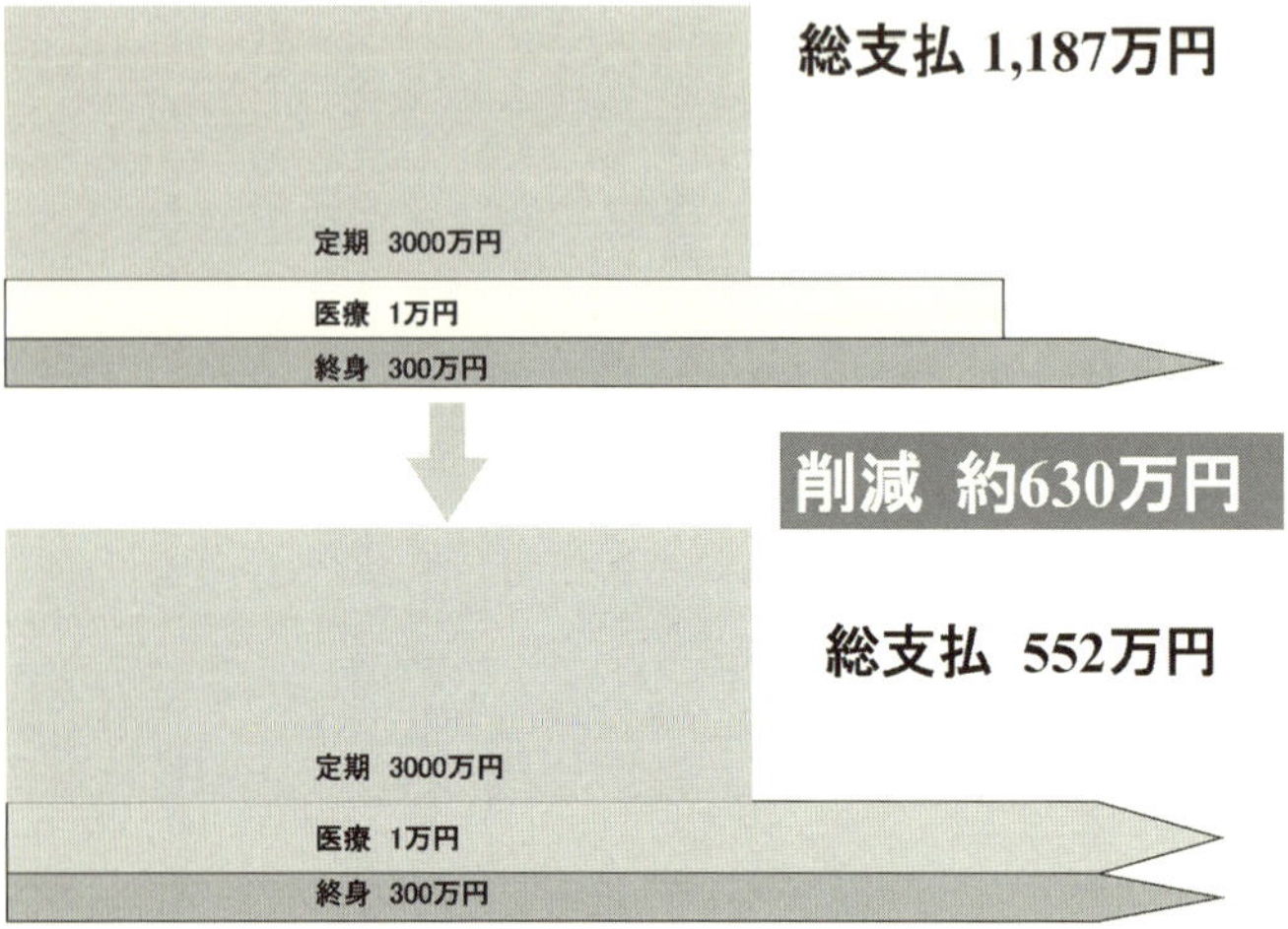

30歳男性の場合

見直し前	30歳	40歳	50歳	60歳	70歳	総支払(80歳迄)
定期保険3000万円	5,940	9,720	19,200			4,183,200
終身保険　300万円	6,138	6,138	6,138			2,209,680
医療保険　入院　1万円	3,430	4,230	6,220	11,150	20,650	5,481,600
毎月の支払い	15,508	20,088	31,558	11,150	20,650	11,874,480

見直し後	30歳	40歳	50歳	60歳	70歳	総支払(80歳迄)
定期保険3000万円	4,740	4,740	4,740			1,706,400
終身保険　300万円	4,173	4,173	4,173			1,502,280
医療保険　入院　1万円	3,850	3,850	3,850	3,850	3,850	2,310,000
毎月の支払い	12,763	12,763	12,763	3,850	3,850	5,518,680

定期保険　418万円→171万円　保険期間、非喫煙優良体変更

終身保険　221万円→150万円　新商品変更

医療保険　548万円→231万円　保険期間、新商品変更

保障内容は医療保険が一生涯の保障となりむしろ良くなっているのですが、保険会社が各社競争して保険料が安くなっている影響で、総支払の保険料が大幅に下がったという事例です。

保険というのは、家の次に支払いが多いと良く言われます。月々は2万円、3万円という金額でもそれをずっと30年40年払うと、ほとんどの人が1千万を超えていると思います。それを専門家に相談して見直すだけでも、この場合630万、生涯の保険料が下がりました。その分老後資金や投資資金に回すことができれば、より豊かな老後へとつなげることができます。

7、今からでも間に合う「ライフプランの軌道修正」

最後に、保険に関しての保障を改めて考え直して、700万円ほど保険料の削減をして、人生を立て直された方の事例をご紹介します。

一般的には、保険内容を図で表すと四角い型になります。しかし、本当に四角の保障が一生いるのでしょうか。一生のライフプランを考えていただくと、子供の成長によって保障も減らしていいのではないでしょうか。

また、借金をしていてその保証のための保険に入っている場合も、借入額が当初の金額から減っていったら、それに合わせて保険金額も下げていけば保険料が削減できます。そういう事も考えながら最適な保険をプランニングしていきます。

また、非喫煙者には生命保険の割引があり、30％～40％も安くなったりします。ですから、煙草をやめると、保険料も下がるし煙草代もかからなくなります。


余談ですが、あるお宅で、ご夫婦に「非喫煙者は割引があります。旦那さんは、煙草を吸っていませんか？」と確認したところ、奥さんが「主人は非喫煙なので大丈夫です」といわれました。

その時はご主人も「はい、そうです」と言っていたのですが、そのお宅を出てすぐにご主人から電話がかかってきて「すみません。家では吸っていないことにしているけど、外では吸っています・・・」

結果的に保険料が上がって、あとから奥さんに怒られてしまったようです（笑）。

ちなみに、煙草は1年間辞めたら、保険では「非喫煙」扱いになります。ご自身の健康のためにも、保険料のためにも、まず1年間だけ禁煙チャレンジしてみませんか。

生命保険　見直し事例②

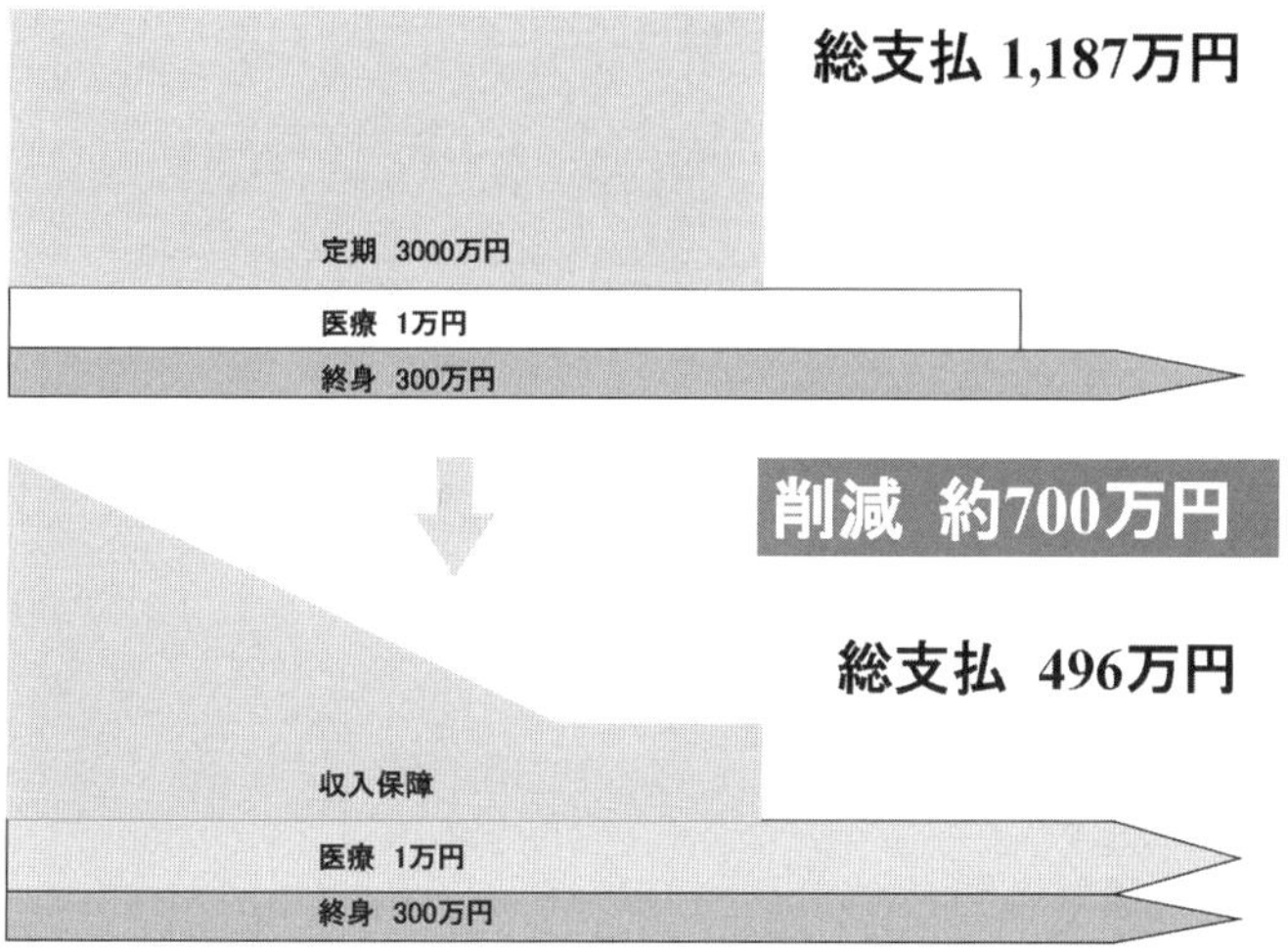

30歳男性の場合

見直し前	30歳	40歳	50歳	60歳	70歳	総支払(80歳迄)
定期保険3000万円	5,940	9,720	19,200			4,183,200
終身保険　300万円	6,138	6,138	6,138			2,209,680
医療保険　入院　1万円	3,430	4,230	6,220	11,150	20,650	5,481,600
毎月の支払い	15,508	20,088	31,558	11,150	20,650	11,874,480

見直し後	30歳	40歳	50歳	60歳	70歳	総支払(80歳迄)
収入保障保険	3,200	3,200	3,200			1,152,000
終身保険　300万円	4,173	4,173	4,173			1,502,280
医療保険　入院　1万円	3,850	3,850	3,850	3,850	3,850	2,310,000
毎月の支払い	11,223	11,223	11,223	3,850	3,850	4,964,280

定期保険　418万円→115万円　逓減タイプに変更

終身保険　221万円→150万円　新商品変更

医療保険　548万円→231万円　保険期間、新商品変更

第4章
令和時代で勝利する
新・100年
ライフプランニング
【損をしない保険活用編】

1、人生の4つのリスクに備えていますか？

生命保険というと死亡や病気に備えるものだと思いがちですが、実際には次の「4つのリスク」に備えて加入するものです。

①万一の死亡
②病気
③介護
④老後のリスク

最初に、万一の死亡リスクについて考えてみましょう。

質問です。60歳までの定期保険に入って60歳までに亡くなり、保険金を受け取る方は、100人いたら何人いるでしょうか？

答えは、大体4～5人。わずか5％以下なのです。

能登清文の活動・事業内容

本書をご購読いただき誠にありがとうございます。文中でお伝えした通り、私は個人様、経営者様、事業者様、企業様などこれまで1200人以上のライフプランニングをお手伝いさせていただいてきました。もし、本書をお読みになり生涯安心の資産運用や資産防衛にご関心を持たれた方はぜひお気軽にご相談ください。皆さまのために全力でサポートさせていただきます。また、ライフプランニングについてのセミナーや講演の講師もお引き受けしております。私は滋賀県在住ですが、北海道から九州まで講演の実績があります。こちらもぜひお声がけください！

個人様（経営者様）サポート

●トータルライフ（ファイナンシャル）プランニング
・保険見直し　　・安定利回りでの資産運用、資産防衛
・相続税対策　　ほか

法人サポート

●100年企業創りトータルサポート
・事業承継対策（自社株対策）　　・役員、従業員退職金積立
・従業員の保険見直し　　・財務基盤強化、純資産増加、資産防衛
・保険診断・最適化、資金繰り改善　　ほか

講師活動

・ライフプランニング　　・ファイナンシャルプランニング
・人間繁盛、商売繁昌　　ほか

能登清文へのお問い合わせ

※ご相談、サポートは、通常は紹介のみで対応をさせていただいています。
　お問合せ時には「ライフプランニング本を読んだ」と必ずお伝えください。

株式会社クオリティライフ
〒525-0001 滋賀県草津市下物町64-13 2F
TEL：077-568-8000　　FAX：077-568-801
E-Mail：info@q-life.co.jp
ホームページ：**http://www.q-life.co.jp/**

95人は受け取らずに終わります。そもそも、保険に入れる方というのは、健康に働いている方が大半なので、死亡リスクもそう高くはないということです。

ここで考えなくてはいけないのは、残りの95人は60歳以降の老後を迎えるということです。60歳までの死亡保障だけでは、遺された配偶者が苦しい老後を迎える可能性もあります。

余談ですが、私の父親は64歳で亡くなりました。60歳までは死亡保障が3～4千万円貰えるような保険に入っていたのですが、亡くなった64歳の時にはもうその保険が切れていたので、300万円のお葬式代がなんとか残っているだけでした。

父の分の年金がなくなったので専業主婦だった母は遺族年金を受け取ることになったのですが、その額は当初予定していた年金額（夫婦2人で35万円）の半額以下、わずか15万円でした。

「ああ、父が終身保険に入ってくれていれば・・・」と痛感したのが、実はその後、私が保険業界に転職するきっかけのひとつにもなりました。

平均寿命が延び、女性は90歳～100歳。男性も85歳～90歳という長寿時代になっています。60歳以降、男性であれば25年~30年。女性であれば30~40年を、どう生きていくのか。死亡保障も当然大事なのですが、介護や老後の長生きリスクに備えることも大切な保険の役割です。

2、保険の選択は人生の選択

よく、ご相談者やセミナー参加者で「保険は分かりにくい!」とおっしゃる方が多いのですが、一般的には、以下の3種類しかありません。

■定期保険
■終身保険
■養老保険

今は金利が下がり、養老保険の貯蓄面の魅力がなくなったため、ほとんどの会社では、定期保険と終身保険しか販売されておりませんので、この2つを理解してもらえれば大丈夫です。

①定期保険

定期保険とは、電車の定期と同じ意味で「定められた期限」のある保険です。例えば65歳までの定期保険なら65歳まで保障して、65歳で終わり、というのが定期保険です。一般的に掛捨ての保険と言われています。

②終身保険

終身保険は、身が終わるまでの保険と書く通り、一生涯保障の保険で満期がありません。例えば65歳まで保険料を払ったら、一生涯保障される、というのが終身保険になります。一般的に積立型の保険とも言われています。

次に示すのは、保険で1億円という保障を得るのに、どれぐらいのコストがかかるのかというデータです。

定期保険の場合は45歳の人が65歳までの20年間に、660万円を払って1億円の20年間

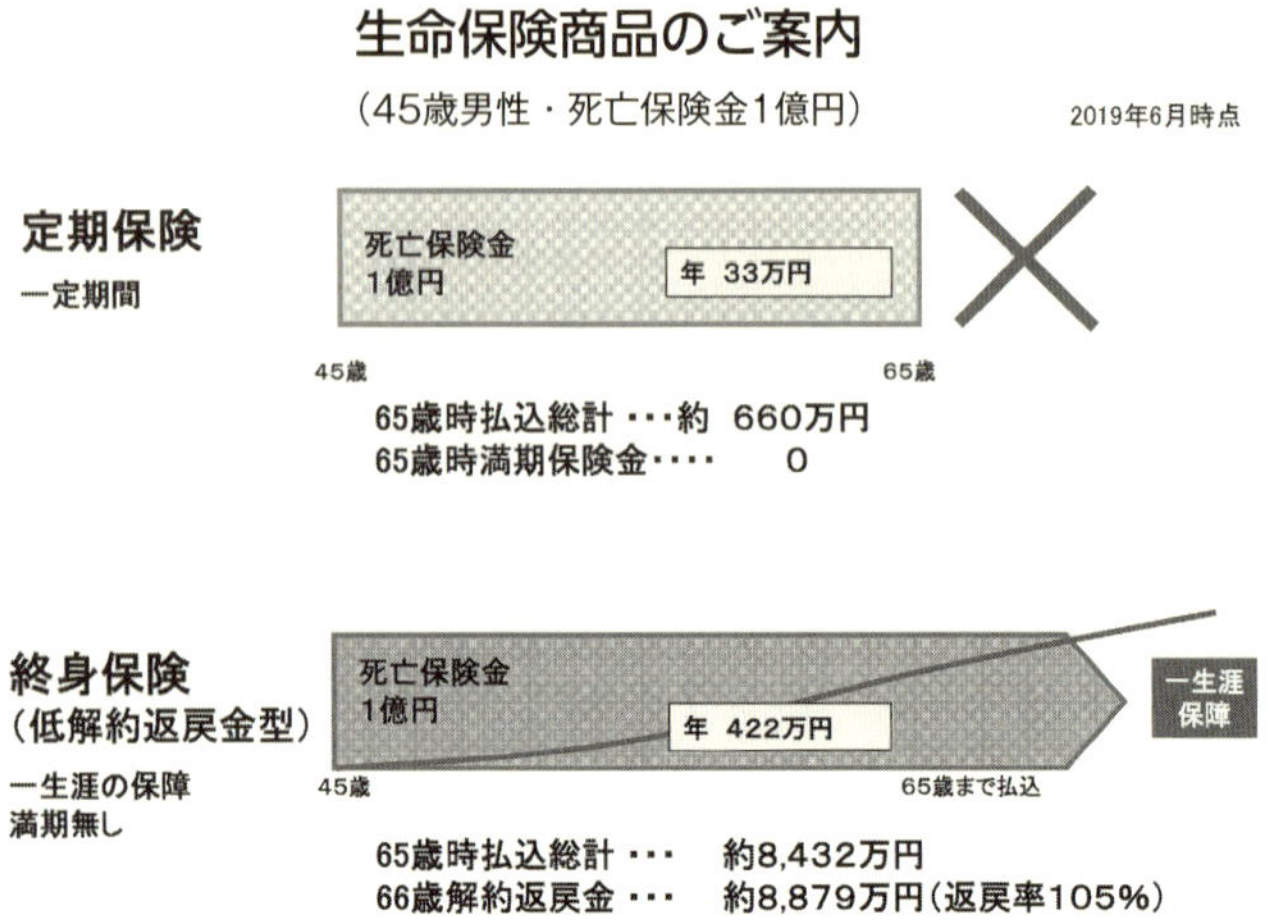

上記の定期保険の保険料は、別表の某生命保険会社Bの定期保険（標準体）での試算です。
上記の終身保険（低解約返戻金型）は、別表の某生命保険会社Dの終身保険（標準体）での試算です。

の保障です。

終身保険の場合は、20年間で8432万円の保険料を払うと、いつ亡くなっても1億円確実に入ってきます。

定期保険と終身保険の大きな違いは、定期保険は掛け捨てなので、定められた期限が来たらそれで終わり、何も返ってきません。

終身保険は一生涯保障なので、この場合であれば1億円の一生涯保障があるのですが、もう1つのメリットとして、払い終わった後に解約をすると、返戻金が返ってきます。

この例の場合、8432万円を払い終わって翌年に解約すると約8879万です。払った分とほぼ同額が返ってくるので、貯金に保障がついているような感覚です。

保険会社や商品によって、返戻率やその時期は変わるので、よく調べて選ぶ必要があります。


保険金が入るのは、言うまでもなく被保険者が亡くなったタイミングです。

奥さんは、ご主人に終身保険を掛けておられることが多いです。この場合、亡くなった際に必ず奥さんは1億年を受け取れます。

一方、定期保険はご主人が65歳までとか60歳まで万一の事があったら奥さんに1億円が入るということです。

前述したように、これを受けとれるのは100人に4人とか5人です。


つまり、これからの長寿時代は、目的に合わせて保険を使い分けしていくことが必要になります。

ここの使い分けを間違えておられる方も多くて、お葬式代のために定期保険に入っていたけれど切れてしまっていた・・・ということをよく聞きます。

お葬式代であれば、終身保険で用意しておく方が、預貯金で置いておくより少ない金額ですみます。

一方、一定期間の保障を考える時には定期保険が適しています。例えば20年間だけ借り入れをして、その借り入れを返す保障を考えるような時には定期保険を活用しましょう。

住宅ローンを組む時には団信（団体信用生命保険）という保険に入ると思いますが、これは万一亡くなったら住宅ローンがなくなり、「ご遺族はもう払わなくていいですよ」という定期保険の一種です。

住宅ローンが終わったら保険も切れるというものになります。

なお、定期保険でも10年更新（10年ごとに保険料が上がっていくタイプ）に入ると、若いときは安くても年齢が上がるごとに保険料が上がります。

総額では高くなってしまうので、定期保険に入る際は、良くシミュレーションしてご判断ください。

私はご相談者様には、相続税対策には終身保険を使った方が良いですよ、とアドバイスをしています。

生命保険商品のご案内

（45歳男性・死亡保険金1億円）

2019年6月時点

65歳時支払総額……　約5,240万円
66歳時解約返戻金…　約5,981万円（返戻率114%）

上記のドル建終身保険（低解約返戻金型）は、別表の某生命保険会社Bの商品での試算です。
為替レートは、契約時から為替変動がなく、常に契約時為替レートであったと仮定して算出しています。

先の例では8432万円払って1億円の保険金取得となりますが、843万円払う場合は1000万円の保険金、84万円であれば100万円の保険金、というように、ご自身の年齢や収入、使用目的に合わせて計算して、終身保険をうまく活用されていくのがベストかと思います。

昨今、超低金利の円に対して、金利の高い米ドルを活用したドル建ての保険も注目されています。

例えば、ドル建ての保険なら、1億円の給付金に対して5240万の支払いですみます。円に比べると、ドルは利回りが高いので、安いコストで同じ保障を得ることができるのです。

1億円という大きな額ですと、保険会社や保険の種類の選択一つで、支払う額が3千万円も変わってきます。

このように、保険の選択一つで将来のお金の貯えもかわり、その後の人生が大きく変わります。まさに人生の選択といっても良いかと思います。

こういうところを上手く活用して、同じ保障内容であればできるだけ安く入るという選択もできます。

3、法人保険で損をしないコツ

今度は、法人向けの保険についてご紹介します。

法人は、個人より多くの保険に入っていただくケースが多いのですが、法人保険もそれぞれ目的に合わせて、使う保険の種類が変わります。

加入前に、自社の保険加入（給付金支払い）目的に合う形式になっているかを考える必要があります。

もし「借入金の返済の為」に法人保険に加入するのでしたら、借入期間にあわせてできるだけ安い掛け捨ての定期保険に入った方がよいでしょうし、社長の死亡退職金でしたら、社長退任時までの長期的な保険に入った方がよいでしょう。

勇退退職金は積み立てタイプで、2番と3番を兼ねた形で入るケースが多いのですが、そういう形で入る必要があるか否かは、ケースバイケースです。

1章で、残念ながら85歳になっても退職金が出せず、お金に困っておられる会長さんの話をご紹介しました。

その方は、1番の借り入れ金の返済の為だけの保険に入っていて、3番の勇退退職金の準備がなかったので、ご高齢になってもなかなか退職できずに困っておられるというパターンになりました。

実は法人の経営者も、どんな保険に入っているか分かってない人が多いのです。

法人は個人より保険料の金額も大きいので、ここはしっかり確認しておかなければ大切な会社を失うことにもなりかねません。

法人の経営者の場合は、法人契約と個人契約と両方の生命保険が必要になります。その

法人保険加入の目的

1．借入金の返済
　　買掛金・未払い金の支払準備

2．社長の死亡退職金・弔慰金支払。

3．社長の勇退退職金

4．事業承継対策資金

ここで質問です。

①会社でどんな保険に入っていますか？

・社長が万一の死亡の時の保険金額は？

・毎年いくらの保険料を払っていますか？

・社長退職時にいくら返ってきますか？

②個人でどんな保険に入っていますか？

・死亡保障は何歳までありますか？

・入院保障は何歳までありますか？

ため、法人契約と個人契約のそれぞれの目的を考えて、個人のお金を使うか、法人のお金を使うかというところのバランスも考えて、選択して頂く必要があります。

法人保険と損金

法人保険は「できれば全額損金扱いにしたい！」というご要望がとても多いのですが、残念ながら全損タイプの法人保険は、2019年2月から加入できなくなりました。ですからもう今後は、節税対策として保険を活用していた社長さんも、その考え方は使えなくなります。

そもそも、保険の経費化ばかりを優先させていると、得なようで実は損をするということがあります。損金というのは損するお金と書く通り、ちゃんと理解していないと回収できずに損で終わってしまう危険があるのです。

入口で税金が安くなるからという理由で損金計上の保険に入っても、いざ受け取った出口で多額の税金がかかれば、節税の意味は薄くなります。保険には入口と出口がありますので、両方での節税額を比較した上で、よく考えてご検討ください。

4、資金繰りのはずが赤字の元凶に・・・

私は、保険で資金繰りを悪くされている社長さんにも、実にたくさんお会いしてきました。「こんな状況では、保険はもう辞めた方がいいですよ！」とアドバイスして辞めていただいたケースもあります。

保険のせいで赤字になっている会社の場合は、いったんリセットして、もう1回やり直すことが大事です。保険というのは、5年とか10年動かせないお金になり流動性が悪いので、数年先の資金繰りまでよく考えて入るようにしてください。

また、逓増定期保険や長期定期保険など、法人にしかない保険形態もあります。こういった保険は、返戻金の率が高い時期と退職金の時期を合わせることで、節税の効果は最大化します。残念ながら、いざ使おうと思った時にタイミングがあわないケースも多々あります。

借入金に対する保険は見直していますか？

①定期的に減らしていきましょう。

②毎年減っていく保険を活用しましょう。

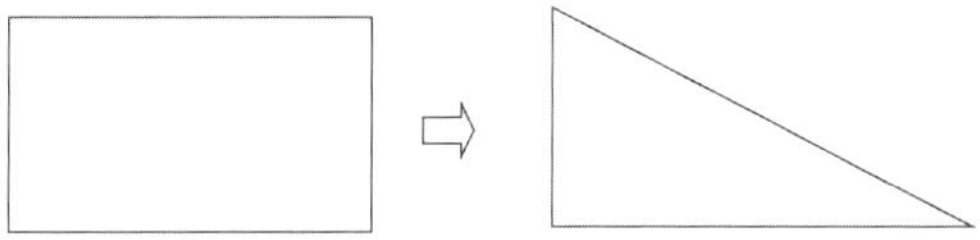

平準定期保険　逓減定期保険

必ずシミュレーションをして、退職金の時期と、返戻金が最大になる時期があっているかどうかを含めて、しっかり確認してから保険に加入していただく事が大切です。

また、借入金に対する保険の場合、借入金が減ってきたら、必ずその分を定期的に減らすようにしましょう。

毎年減っていくような逓減定期保険というタイプの保険もありますので、こういう保険もうまく活用していただくと保険料の削減につながります。

他にも、社長が亡くなって本当に困る金額を考えずに、余計な保険に入り過ぎている、または、保険金が足りない、などの保険金額設定ミスのケースがあります。

繰り返しになりますが、「何のためにいくら必要か？」を明確にして、その金額を得るためのシミュレーションをしっかりとした上で、最適な法人保険に入っていただければと思います。

5、他社と比較をしないと大損している可能性も

次に、法人保険の保険料の比較です。この図は、保障内容は全く同じ保険で、保険会社各社の定期保険の1億円、期間10年間の比較となります。

A社の標準体（喫煙者）は50万円（年間）です。

一方、同じA社の非喫煙者の優良体タイプだと、31万円（年間）となります。

同じ保険金額1億円の定期保険で、喫煙者よりも非喫煙者は38％割引で年間保険料が19万円ぐらい安くなりますので、大きな違いです。

次にB社の標準体（喫煙者）は33万円です。非喫煙者は22万円と33％割引されます。

保険料比較

（定期保険　1億円、期間10年、男性45歳）

2019年6月時点

保険会社	年払保険料
A 社	¥500,200
A 社（非喫煙優良体）	¥310,600
B社	¥332,500
B社（非喫煙優良体）	¥221,000
C社	¥423,800
D社	¥434,200

また、C社は42万円、D社は43万円。C社、D社は非喫煙割引のタイプはありません。このように、入る保険によりかなりばらつきがあります。

会社によっても条件は違いますが、B社やC社には、非喫煙や優良に対する割引がなかったりします。たばこを吸ってない人は非喫煙の割引を効かせた方がお得なので、各社を比較検討をする際には、注意してみてください。

6、家族を守るための保険の選び方

家族の防衛⇒死亡退職金・弔慰金

・死亡退職金
　＝帳簿上の給与×役位係数×在任年数

・弔慰金
　＝帳簿上の給与×6ヶ月又は36ヶ月※

※業務上死亡のみ

・企業の寿命30年説

・中小企業の寿命は？

・創業企業はほとんど10年持たない。

会社の保険では家族は守れない!!

「法人保険に入っているので、個人の保険はやめました」という経営者の方も多いのですが、法人保険の場合、保険金が支払われると一旦会社にお金が入ります。その点では大変な時期に家族を守ることが出来ないので、家族を守るための個人の保障も、しっかりと考えておくべきです。

また、経営者の場合は借り入れをするときに個人保証に入っているケースがあります。今は出来るだけ個人保証をとらないよう金融庁が指導していますが、現実はまだまだ個人保証を取られている経営者の方が多いようです。

借入金に個人保証を付けていますと、万一その社長が亡くなった場合は、個人保証が家族に相続されます。つまり会社のための債務を、ご家族が負うことになるのです。負債が多すぎる場合、相続放棄せざるを得ないケースもあります。

しかし相続放棄をすると、全ての資産を放棄することになります。借金は相続したくないけど、自宅や預貯金は相続したい、という選択放棄は通用しません。

そういうことも踏まえて、負債の相続で家族が苦しまないように、個人の終身保険を活用して備えておく方法があります。

7、相続放棄しても、生命保険は引き継ぎ可能!?

個人保証のあるなしに関わらず、事業の負債を抱えている社長さんは少なくありません。そのような場合に遺族が相続放棄をしても、生命保険の保険金は受取人固有の財産として守られることをご存知でしょうか。

相続放棄の財産移動

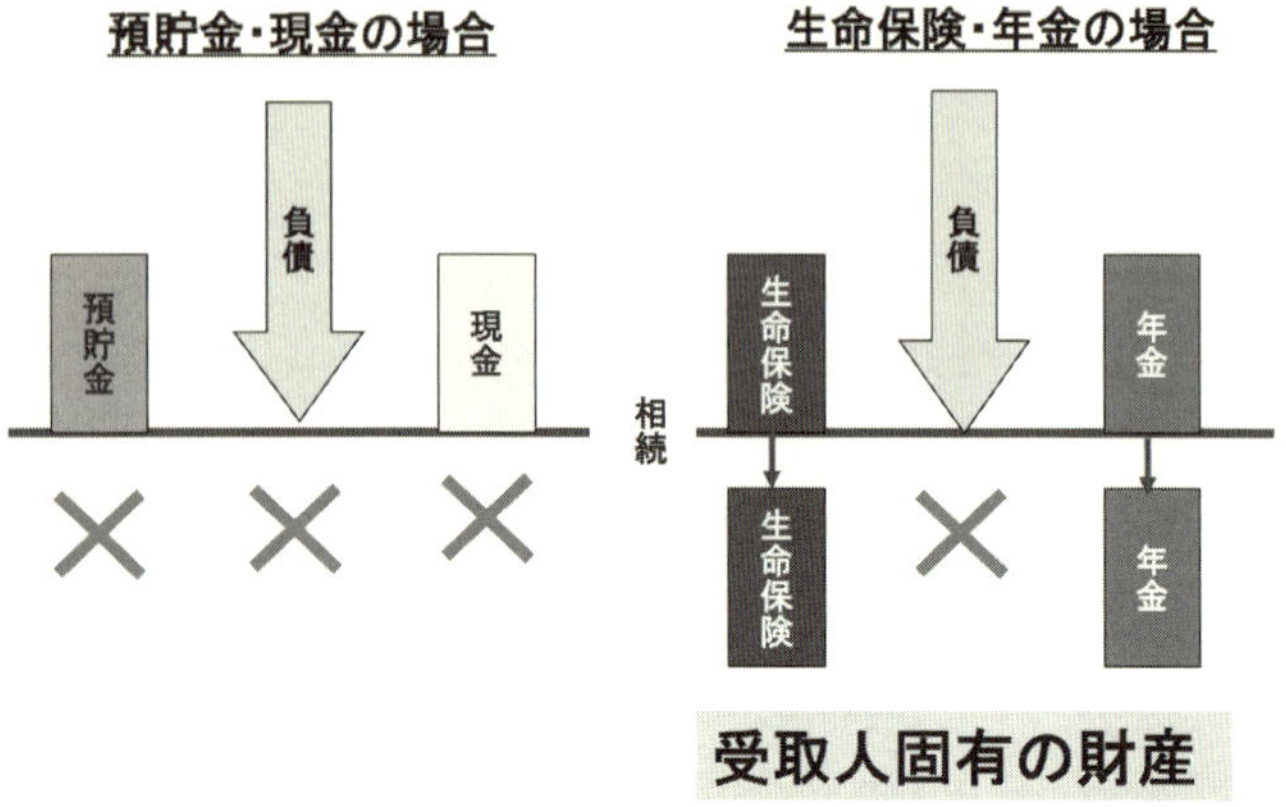

例えば、奥さんが受取人の生命保険などに個人で入っていた場合、もし相続放棄しても、奥さんはその保険金を受けとることができます。

先ほどお話した、お金にご苦労されている社長さんの場合も、資金繰りが厳しくて、法人の保険も維持できず解約したのですが、唯一、個人の奥さん受取人の保険だけは残してあります。自分が万一の時には、相続放棄をしても奥さんの生活だけは守ろうということで、この形式にされました。

相続放棄などあまり考えたくはないことですが、知識としてはもっておく必要があると思います。

8、長生きリスク

寿命が延び、老後が長くなっている現在、いかに元気で幸せに長生きするか、長く仕事が出来る状態にするかは重要なテーマです。

そして老後の資金を計画的に蓄えておく、老後になっても資金が入ってくるような仕組みを作っておく事が大事です。

例えば、経営者の方が退職金として受け取れる保険があります。

退職金というのは、日本の税金の中で一番税率が低い所得区分になるので、会社を経営しておられる方は、老後資金を貯めるためには法人保険で積み立てをして退職金として受け取るというのが、税法上一番有利になります。

1億円退職金を受け取った場合を考えてみましょう。

給料で1億円を受け取った場合は約5千万円の税金がかかりますが、退職金の場合は、

保険料比較

（終身保険　1億円、65歳払済、男性45歳）

2019年6月時点

保険会社	年払保険料	保険料累計
A社 ドル建積立利率変動終身保険	¥3,057,800	6,115万円
B社 ドル建終身保険（低解約返戻金型）	¥2,619,700	5,239万円
B社 積立利率変動終身保険	¥4,604,400	9,208万円
B社 変額終身保険	¥4,505,000	9,010万円
C社 終身保険	¥5,385,800	10,771万円
D社 終身保険（低解約返戻金型）非喫煙体	¥3,915,838	7,831万円
D社 終身保険（低解約返戻金型）標準体（喫煙体）	¥4,215,838	8,431万円

概ね1800万円から2千万円くらいの税金ですみます。

単純計算で3千万円も、手取りが多く残るという事になります。それだけ税金が違ってきますので、是非ご活用ください。

次に、退職金を作る時に使う、一生涯保障の終身保険の保険料の違いを見てみましょう。同じ1億円の保障内容の保険に入るのにも、1番高いC社の1億771万円から、一番安いB社のドル建ての保険の5239万円まで、5千万円以上変わってきます。各社の内容と保険料を比較して、1番有利な所を選択するようにしてください。

9、法人と個人の区別

「会社の財産は経営者の私のものだ」
財産・保険も法人と個人が全部一緒になっている、区切りがない・・・中小企業の社長さんに多いパターンです。

そういった考え方の社長さんは、自分が亡くなったら会社はおしまいだ、と考えていらっしゃいます。しかし、そのあとの従業員さんがどうなるか、お客さんがどうなるのか。なくならないものがあることも、しっかりお考え下さい。
社長亡き後、従業員さんが途方に暮れるとか、お客様が困るとか、そういうことでは困ります。

ですので、「2つも保険はいらない！」という社長さんに対して、私は多少憤慨気味に、「法人と個人はしっかり区別してください、あなたが家庭や会社のリーダーですよね？」

とお話させていただいております。

保険にしても、資産運用にしても相続、事業承継を考えて、個人、法人どちらで持つのがいいかというのは、本当に個々違います。

一概には言えませんが、根っこの答えは一つで「大切なものを守る」ということ。この絶対的な目的を考えていけば、自然とその道筋も見えてきます。

10、相続が争族にならないように

良くあるケースですが、土地や会社の建物を個人名義で持っている社長さんがいます。このケースは大変です。社長が個人名義で持っている土地や建物が相続されると、お子さんが三人いたら三人に権利が分散してしまいます。

お子さん三人が、仲良く一緒の会社で働いている場合は問題ないのですが、長男だけ後継者として入っていて、次男や三男など、残りの相続者が出ているというようなケースもよくあります。

そういう場合に困るのが、残りの二人への財産分与です。残りの二人は、会社の土地建物の権利だけ持っていても、お金にならないので売って分けてほしいのです。

しかし売ってしまったら、今度は長男がそこで事業を継続していけません。兄弟間でもめて険悪になったり、最悪の場合、裁判になることもあります。

もし相続が起こっても、あとの兄弟がもめない、会社としても困らないようにしっかり考えて対策していく必要があります。

また、一般的に会社の経営者は、保険料を経費にできるということで、会社で保険をかけたがるのですが、何でもかんでも会社でやれば得をするわけではありません。

例えば医療保険などを会社でかけていて入院した場合、医療保険の給付金が出るのですが、その給付金は個人に入らずに会社に入ってきます。

個人で給付金を受け取る場合は非課税ですが、会社で受け取ると雑収入として課税対象になります。

課税区分のことも考え、個人と法人どちらで保険に入ればいいのか検討しましょう。

11、保険の見直し

ある程度収入のある方や事業をされている経営者の方などは、お付き合いもたくさんあり、複数の保険会社、複数の種類の保険に入られているケースが多いものです。

ひと昔前は、保険は、G・N・P、義理・人情・プレゼントで入るなどと言われていました。しかし、これからの変化の激しい時代、企業も経営をどんどん改革していかなければなりません。いらない保険は、見直していきましょう。

私も「昔入った複数の保険を見直ししたい」というご相談を受けるケースが増えています。1つ1つ、何が目的で入ったのか確認をしていますが、これが一苦労です。

基本は、専門家として、将来のための投資に使えるもの、保障内容によって必要なものを残し、他は現金化するなどして、少しでも会社のキャッシュフローや資金繰りがよくなるように、整理のお手伝いをさせていただいています。

これは保険に限らず、資産運用でも不動産にしても、折を見て今の自分の状況に合っているのか、見直しをしてアップデートすることが大切です。

特に法人は保険料が多いので、毎年とは言いませんが2、3年に1回ずつは見直しをすることで、大きな出費を防ぐ予防線となるのです。

保険の見直しの一環として自分は何のために保険に入るのか、というところを、改めてよく考えていただきたいと思います。

自社のため、社員のため、家族のため保険に入る・・・それならば良いのですが、中には国や税金のため、税理士さんのため、銀行のための保険になっていることがあります。

12、国や税務署のためのムダ保険の事例

万一の時に備え、多額の死亡退職金保険に入られている経営者の方は少なくありません。しかしもし会社を作って3年の人が、不幸にも亡くなられて死亡退職金の保険金一億円が入ってきた場合、本当に全額が退職金扱いになるでしょうか？

実際は在任期間が3年と短すぎるので、せいぜい一千万円くらいまでしか退職金とは認められないでしょう。残りの9千万は退職金ではなく、雑収入として税金がかかることになります。

このように、退職金用に多額の保険に入っても節税効果が生かせないケースもありますので、在任期間や税金も考慮した上で最適な保険を選びましょう。

税理士さんが勧める保険というのは、基本損金、経費で落ちる保険であることが多いようです。（しかし2019年2月から、全損タイプの法人保険はなくなってしまったので、今後は残念ながら新規加入はできません）

税理士さんが勧める保険の中には、本当に必要なのか、疑問に感じるものも正直たくさんありますし、本来は定期保険ではなく、終身保険に入った方がいいようなケースもあります。中には「とりあえず損金」のために勧めているケースもあります。

保険選択の妥当性について、一度保険の専門家に見てもらってはいかがでしょうか。

13、銀行のためのムダ保険の事例

銀行から融資を受ける際、その借りたお金で保険や投資信託を購入してほしい、と言われることがあります。（このような営業は本来、金融庁からも禁止されている行為なのですが、実際には結構行われています）

しかもその中身を見ると、借り入れをしてまで入りたい保険、買いたい投資信託ではない場合がほとんどです。融資を受けるために渋々おつきあいしているというのが実態でしょう。

銀行で保険に入るというのは、ある意味危険なところもあります。

何の目的で生命保険に加入しているのか
目的が不明確⇒他人の為の保険

・国のための保険
・銀行のための保険
・税理士のための保険
・保険会社とセールスマンのための保険

いったい本当にご自分と御社のための保険がいくつありますか？

これはある会社の事例ですが、その会社は銀行の子会社の保険代理店で保険に入っておられました。しかし残念ながら売上業績が急激に悪化し、その保険を解約して資金繰りに使うことになったのです。

そこで、保険代理店に解約の依頼を出すと同時に、親会社の銀行ではない、他の銀行に振りこむよう依頼をだしました。

というのも、親会社の銀行からは借入をたくさんしているので、その銀行にお金を振りこむと、借金返済に充てられて資金繰りに使えないからです。

しかし解約の依頼をかけた瞬間、親会社の銀行の担当から連絡があり「保険を解約するのはいいけど、うちの銀行に入れてください」

と言われて、結果的に親会社の銀行に解約金が振り込まれ、借金の返済に使われてしまいました。

結局、この会社の社長さんはアテにしていた保険の解約金を資金繰りに使えず、ますます苦しい状況に陥ったのです。

こういう例もあるので、銀行と保険というのは、分けておいた方がいいと思います。銀行は銀行、保険は保険でしっかりお付き合いすればいいのです。

14、相続と保険の関係

相続と保険は密接な関係にあります。

先の項目と混同しがちですが、大切なお金を減らさないように残された方に引き継ぐのは大切な考え方です。

ある程度財産をお持ちの方にとっては、相続税をどうしたらいいのか、非常に気になるかと思います。数億円以上の資産がある場合、特に預貯金などで持っていると、半分くらいは相続税がかかってきます。

少しでも税金を減らすために賃貸不動産を購入する方もいますが、それで相続税の節税ができても、その後の賃貸運用状況や土地相場の変動によっては、節税額以上の損失を出してしまう恐れもあります。


これからご紹介するのは、終身保険を活用して、正当に相続税を払いながらも資産を残す方法です。

ある外資系の保険会社で扱う、ドル建ての終身保険を活用します。

このドル建ての一括払いの終身保険に60歳の人が加入し、100万ドル（約1億円）を払うと、保証金額として202万ドル（約2億円）の保障が得られます。

つまり、先に1億円払っておいたら、亡くなったときに奥さんに2億円の保険金が支払われるので、半分は税金として納めますが、結果的に1億円がそのまま残せるのです。

もしそのまま現金で持っていたら、半分相続税として支払い、半分しか残らないところを、ドル建ての終身保険を活用することで、大切な財産をそのまま残せるのです。

さきほどは60歳を例にしましたが、年齢が若いうちに入ると、さらに財産は多く残せます。

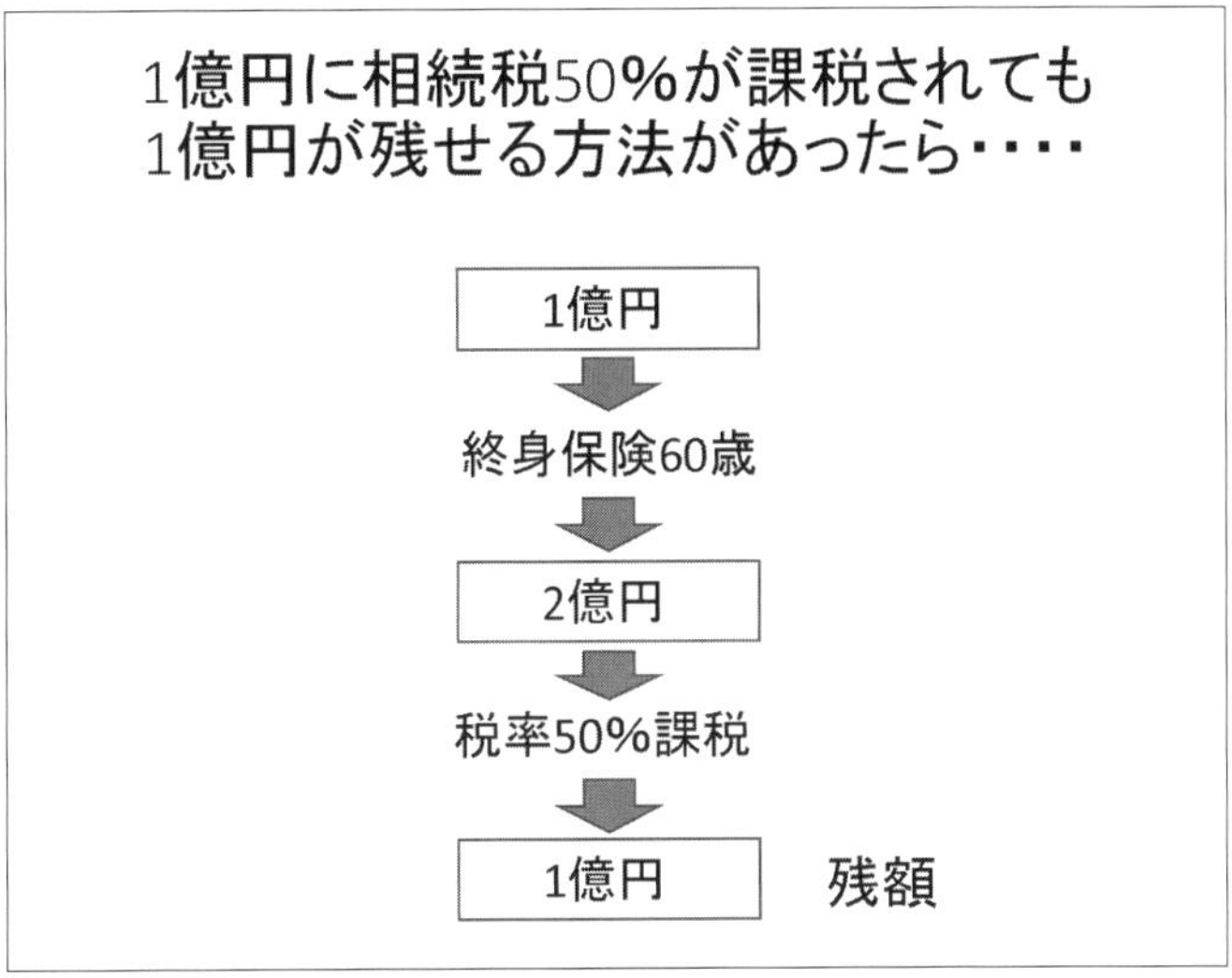

一時払い終身保険US＄建

予定利率4.4%（30年）

年齢	保険料	保険金
30歳	＄1,000,000	＄3,800,000 （60歳時解約返戻金＄2,630,000）
40歳	＄1,000,000	＄3,190,000
50歳	＄1,000,000	＄2,580,000
60歳	＄1,000,000	＄2,020,000
70歳	＄1,000,000	＄1,550,000
80歳	＄1,000,000	＄1,230,000
85歳	＄1,000,000	＄1,120,000

出典：（株）ウエスト様研修資料より引用

これは、そのドル建ての終身保険の具体的な年齢別表です。若ければ若いほど保険料が安く済む、というのがおわかりになるかと思います。

60歳の場合、1億円が約2億円の保険に変わります。これが30才なら、1億円が3億8千万円の保険に変わるのです。

40歳でも1億円が3億1900万、約3億円の保険に変わるので、本当に年が若ければ若いほど、安い保険料でたくさんの保険金が買えます。終身保険というのは若い時に加入するほどお得なのです。

ちなみに、70歳になると1億円払って1億5千万円。80歳なら1億円払って1億2千万という形式なので、年齢を重ねると保険としての効果も薄くなります。

15、相続税の用立て方法

また、相続税をどう払うか、相続税資金の準備の仕方によっても相続税の総支払いコストは変わってきます。

次の表は、相続税には保険が最も有利であるということを示したグラフです。

100万ドルの資産税の払い方は4種類

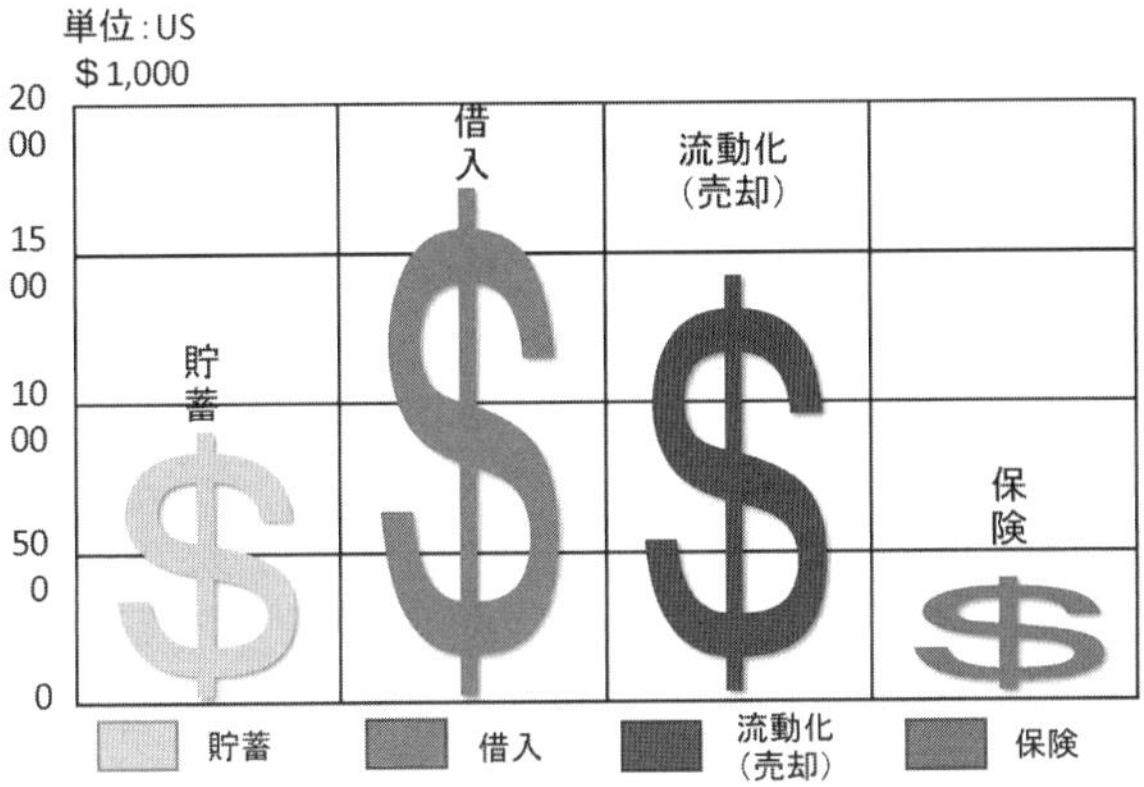

税務署は10か月以内の支払いを要求します。

出典：（株）ウエスト様研修資料より引用

相続税の基本は現金納付で、期限も相続発生後10か月以内と決まっています。

相続が発生したら1億円の相続税を払う必要があるという場合、貯金で払おうとすると、1億円を相続税の支払い用として貯金しておく必要があります。これが、一番左の「貯蓄」というところになります。

その次の「借り入れ」というのは、相続が発生したときに、銀行からお金を1億円、借りて払うケースです。

借入をすれば、当然ですが金利がつきますので、金利と返済期間にもよりますが、トータルの支払額は1億数千万にはなるでしょう。

「流動化、売却」というのは、不動産などで資産を持っている方が、不動産を売却して相続税を用意するというケースです。

相続税を払うために不動産を売却しようとすると、10か月以内という期限がありますので、どうしても売り急ぎになります。

足元を見られて安く売ることになったり、結局売れずにほかの手段で相続税を支払うことになったりと、結果的にコスト高になるケースもあります。

最後に「保険」というのが、先ほどのドル建ての終身保険を活用するケースです。終身保険の場合、支払金額が先に確定しており、死亡時に速やかに現金で支払われるため、相続のための資金繰りに焦る必要はありません。

相続税には保険で用立てるのが最もコストが安く、有利だということがおわかりいただけるかと思います。

我が国に住む限り、一定以上の相続税資産に対しては、相続税は必ずかかってきます。その資産というのは、不動産や預貯金など全部含まれます。

経営者の場合は、自社の持っている株も相続の財産に入りますので、その株の評価も含めて相続税が発生してきます。

相続税で残されたご家族が破産してしまう・・・というケースもあることをお忘れなく。相続税の準備はしっかりしておきましょう。

コラム　生命保険の種類

本編でもお話をしましたが、再度、３つの保険（定期保険・養老保険・終身保険）について詳しくご説明させていただきます。

・**定期保険**・・・一定期間だけを保障して、保険料は掛け捨て。安い保険料で、保障が取れるというのが、定期保険のメリットになります。

・**養老保険**・・・昔は良く学資保険として使われたもので、郵便局の養老保険が一番有名です。養老保険も一定期間だけ保障するというところは定期保険と同じですが、大きな違いは満期になったときに、死亡保険金と同じだけの満期保険金が入ってくる、というところです。

学資保険の場合、例えば５００万円の学費が必

生命保険の種類

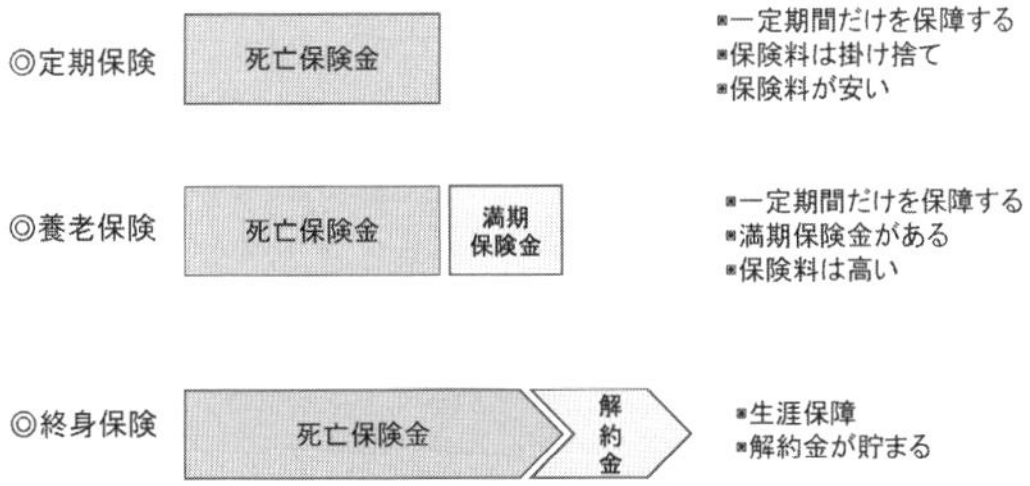

出典：（株）ウエスト様研修資料より引用

要な時に養老保険で500万円入ると、万が一世帯主、ご主人がなくなった時に500万円入ります。元気に満期を迎えたときも500万円入るという形になるので、損もしないし、払った分以上返ってくるというので人気がありました。

最近使われなくなったのは、残念ながら最近の低金利で、払った金額より返ってくる金額が減ってしまうためです。

もし今、養老保険に入るなら、為替リスクは考慮必要ですが、利回りが高く元本割れしていないドル建てがお勧めです。

・**終身保険**・・・一生涯保証で亡くなるまで置いておいたら保険金が入ってきますし、途中で解約したら老後資金にも使える、貯金＋保険のような商品です。

終身保険も、1995年ごろまでは利回りが高く、予定利率も4～5％あったのですが、今は残念ながら利率が下がっています。円建ての終身保険は、保険料も高くなってしまっていて、ほとんど魅力がありません。

いま終身保険に入るなら、やはりドル建ての終身保険がお勧めです。

これからの令和時代のライフプランニングで保険を考える場合、保険も、ドルの活用なども検討しましょう。特に積み立てタイプの保険は、ドル建て保険をしっかり活用することで、安いコストで高い保障を取れたり、利回りが高くなったり、解約返戻金がたくさん返ってきたりとメリットが大きくなります。

最近ドル建ての保険を出している保険会社も増えてきて、多くの保険会社が扱っています。

終身保険、養老保険に入るのに有利な方法が3つあります。

1・1歳でも年齢が若い。
2・健康であること。
3・金利が高いこと。

1番についてでは、皆さんご存知のことかと思いますが、本当に1歳でも若い方が保険料は安いので、若いときに入っておくことです。

なお、若く入った方が総支払いも少なくてすみます。

例えば、40歳で入ると、40歳から60歳の20年間で200万かかるとします。それを30歳から入ったら、30歳から60歳の30年間で200万払うかというと、それよりも少ない180万くらいで収まります。20歳だと、20歳から60歳の40年間で160万くらい。10歳だったらもっと少なくてすみます。

最近は私のお客様の中では、加入時0歳。生まれたらすぐ入る、という契約も増えております。そうすると生まれたときから生涯保障があって、総額もずっと安くすみますのでお勧めです。

2番の健康についてですが、糖尿病、がん・心筋梗塞・脳卒中などになってしまうと、残念ながら、標準の保険には入れなくなってしまいます。

今はそういう方向けの、緩和型の保険といって、糖尿病等でもはいれる保険が出てきていますが、保険料が割高になっています。がんなどになると、ほとんどの保険には入れなくなります。ですから「病気をする前に保険に入る」ということが大切です。

私のお客様でも、糖尿病で保険に入れなかったり、割高なものしか選べなかったりする方がたくさんいらっしゃいます。

そういう方には、「食習慣を変えて糖尿病をなおして、安い保険に入りなおしましょう!」という事で、炭水化物等の糖質を制限する「ケトンダイエット」をお勧めして、実績も出ております。

実は私の母も、50歳の頃から糖尿病や高血圧で薬を飲んでいて、15年前の60歳頃からインスリンも投与していました。

健康のことを学ぶほど、母の身体、健康のことを心配していました。半年前から母が「ケトンダイエット」をスタートしてくれて、糖尿病、高血圧の薬、インスリン全て手放して、血糖値も血圧もコントロールできるように回復して健康になってくれたのです。

人間の身体の回復力の凄さと食習慣の大切さをつくづく実感しました。

特に経営者の場合、50歳を超えると糖尿病、高血圧になる方が多くなります。

やはり健康というのは人生の宝です。年齢を巻き戻すのは無理ですが、健康は食習慣、生活習慣や運動である程度コントロールすることができます。特に生活習慣病は、「ケトンダイエット」で改善しますのでお勧めします。

3番の金利が高いという部分では、今の日本はゼロ金利なので、やはり金利の高いドル建てがお勧めということです。

第5章
令和時代の老後を「豊か」に「健康」に生きる新・100年ライフプランニング
【老後、資産運用・資産防衛・・・将来編】

1、縮小傾向に向かう日本経済と減少一途の資産価値

本章では、これまでの時代と大きく変わってくる令和時代のライフプランニングについてお話しします。

令和の時代、どのように老後や家族のために、行動するか。お金をどうやって貯めるか、増やすか、という具体的計画をお話ししていきます。

皆さんもご存知のように、今、日本の銀行に預けても、預貯金はほぼ増えません。金利は0・01%程度なので、1億円を1年間預けても、およそ1万円ほどしか増えません。100万円なら、金利はたった100円です。

このような時代に、旧態依然の預貯金頼りだけの選択肢でよいのでしょうか。

まず、これからの時代は物価が大きく変わってきます。

ここ10年～20年はデフレ傾向で物価が下がっていたので、結果として預貯金で持ってい

るのが一番良かった、という考え方もありました。

しかし、ここにきて株は先行き不透明で混沌としており、物価も一部上昇のインフレ傾向なのは、毎日の生活で体感されていると思います。

最近は不動産も、東京や大阪の中心部や、各都道府県の人気のある駅周辺や観光地は上昇しそれ以外は、現状維持または下落傾向で2極化しています。

特に不動産は、株と違って以前の価格に回復するのはもう難しいかと思います。なぜなら、不動産をけん引する土地開発やマイホームの需要が益々減っていくことがわかっているからです。

これは単純に需要と供給の関係です。つまり、日本国民の人口減と都市集中が顕著になっているということです。

土地を持っていれば、いつかまた値段が上がっていく・・・このような昔の考え方は、もう通用しない時代なのです。

また、少子高齢化も進んでいて、地方にはどんどん空き家が出てきています。売ろうにも古家は、なかなか簡単には売れない状況です。

私のお客様や友人にも、ご両親が亡くなって実家が空き家になっている方が何人もいます。

戸建ての家は、放っておくとどんどん傷んでくるので、定期的に掃除をして維持していくのも大変だと言われています。

「それなら、賃貸で貸そう！」と思われる方もいらっしゃるでしょう。

しかし賃貸で貸すのも難しいのです。捨て値で売られる空き家がどんどん増えている現状、借りるよりも買ってしまう方が安いのはすぐに計算できることです。

今、私の事務所近くの南草津駅などでも、立命館大学の学生用に大きな学生マンションを建てられたオーナーが、非常にお困りになっています。

それは、立命館大学のキャンパスが南草津から茨木に一部移転してしまったからです。既に大学から少し離れた物件は空室だらけになっていると聞きます。

このように、戦後からどんどん進化を続けてきた日本の経済環境は、バブルがはじけた平成の時代より、一度立ち止まり、そしてついに縮小傾向に向かっているのです。

令和の時代は、この縮小傾向がさらに目に見えて加速することが予測されます。

2、新たな時代の資産防衛とは

すでにお話したように、これからは従来の常識や手法では、お金を貯めたり、増やしたりすることは非常に厳しい時代になってきます。

従来の常識や手法のわかりやすい象徴といえば、銀行ではないでしょうか。

しかし、その銀行はバブル経済崩壊以降、ニュースを騒がせたように不正問題が次々と露呈し、統合合併も続きました。

支店数やATMの数もかなり減ってきているのは皆さんも生活で感じていることかと思います。銀行の経営も厳しい時代なのでしょう。

海外でも以前、このような状況が続いたそうで、その後、今までの日本では考えられない銀行の破綻・・・口座凍結で預貯金がおろせないなどの事態も起こっています。

この先、預貯金だけで資産を持つというのは、ある意味大きなリスクにもなってくるといえます。

分散投資　～何が上がるかはわからない

過去10年における、各国市場1年の騰落率（1997～2006）

	97年	98年	99年	2000年	2001年	2002年	2003年	2004年	2005年	2006年	1996年末に100万円投資した場合の2006年末の値
国内大型株式	-13.2%	-5.5%	57.0%	-22.9%	-18.6%	-18.1%	22.8%	10.2%	44.5%	6.3%	138 万円
国内小型株式	-42.7%	2.5%	40.7%	-6.4%	-7.9%	-10.4%	36.6%	21.8%	57.7%	-13.5%	145 万円
米国株式	50.2%	11.9%	8.9%	1.9%	1.1%	-29.7%	16.5%	5.8%	20.7%	14.6%	226 万円
欧州株式	39.5%	11.8%	4.3%	2.7%	-8.1%	-26.3%	41.4%	20.9%	25.9%	34.2%	327 万円
アジア株式	-22.3%	-18.8%	28.3%	-5.3%	3.4%	-15.5%	48.8%	28.5%	31.0%	33.9%	225 万円
エマージング株式	-0.4%	-35.0%	49.8%	-22.2%	11.7%	-15.3%	59.0%	25.6%	54.8%	33.2%	294 万円
国内債券	5.7%	0.4%	5.4%	2.1%	3.3%	3.3%	-0.7%	1.3%	0.8%	0.2%	124 万円
海外債券	15.5%	1.6%	-19.4%	16.9%	18.3%	11.0%	4.4%	9.5%	8.8%	9.5%	197 万円
単純平均	4.0%	-3.9%	21.9%	-4.2%	0.4%	-12.6%	28.6%	15.4%	30.5%	14.8%	228 万円

使用したインデックスは以下の各指数を合成したものを使用しました。

国内大型株式：RUSSELL / NOMURA 大型株インデックス
国内小型株式：RUSSELL / NOMURA 小型株インデックス
米国株式：S&P500指数
欧州株式：MSCIヨーロッパ指数
アジア株式：MSCIパシフィック（除く日本）指数
エマージング株式：MSCI EMF指数
国内債券：NOMURA- BPI総合指数
外国債券：シティグループ世界国債インデックス（除く日本）

出典：LPL日本証券（現PWM日本証券）より

大切な家族、社員を守る資産防衛とは？
「生涯の安心、事業永続のための資産防衛」

●分散投資

お金を一つのところに集中せずいろんなところに振り分ける

「すべての卵をひとつのカゴに盛るな」

「卵はひとつのカゴに盛るな」

複数の投資対象への投資によって、値動きのブレ幅を抑えることが期待されます。通貨の分散も有効です（投資の世界では、「卵はひとつのカゴに盛るな」という格言があります）。

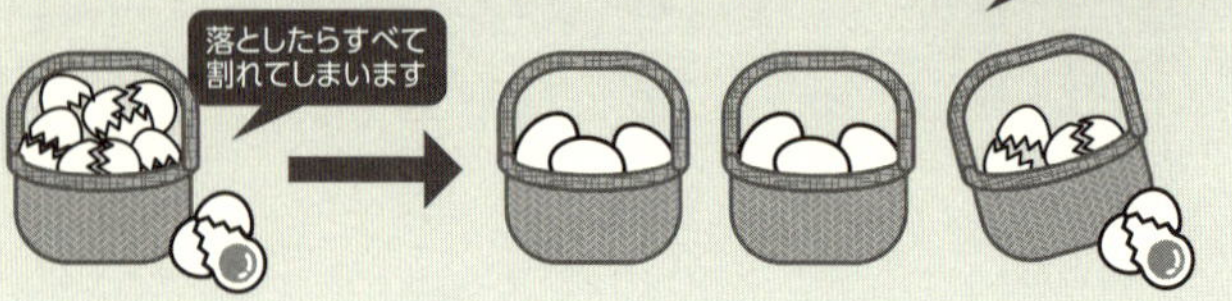
3つのカゴに分ければ、ひとつ落としても残りは無事！

このリスクを回避するためには、単純に資産を1つのところに集中せずに、いくつかに分けておけばよいのです。
「すべての卵を一つのかごに盛るな」と資産運用の世界で使われる言葉があります。1つにまとめて置いておいたら、何かあったときに全部なくなってしまうという例えですが、まさにその通りです
以前は、3分法というのが良く言われていたのですが、最低でも2つにはお金や資産を分ける必要があるということです。

銀行以外でも、安全確実だと思っていた資産が、紙屑同然になるケースがあります。記憶に新しいところでは、東京電力とJAL（日本航空）の株です。

高配当で一番人気、安定した資産株といわれていた東京電力は、東日本大震災の福島の原発事故で株価が急落してしまいました。JALも再建を果たしましたが、一時は倒産状態でした。

まさか昭和の日本経済の絶対的象徴であった東京電力とJALが、そんな状態になるというのは、ほとんどの日本人が予想していなかったと思います。これも時代の流れです。

ですので、令和のいま、何があるかわからない、とあえて繰り返します。円の突然の暴落、ハイパーインフレは予想できる事態です。

そのほかにも、様々な事態を想定していると、とりあえず資産を分散しておくことが一番のリスク管理ということに気がつかれるかと思います。

私は以前、世界で一番安全といわれる資産管理を誇る、スイスのプライベートバンクへ見学に行きました。また、つい先日もプライベートバンクの人にお会いしてお話を聞く機会がありました。

スイスのプライベートバンクというのは、もう長いところでは300年、お客様の資産をずっと守り続けてきました。

その世界一の資産管理のプロが何をされているかというと・・・結局分散されているのです。

「能登さん、基本のことですが、絶対に資産は1つにはまとめないでください」

と、会話の中で何度もおっしゃっていました。

なぜスイスのプライベートバンクが、分散投資を旨とするのかというと、その答えは歴史にあります。

スイスの位置するヨーロッパ地方というのは昔から戦争が多くて、自分が戦争に行って亡くなってしまった時に、家族が困らないように、戦争をしない（被害がでない、占領されない）永世中立国のスイスの銀行にお金を預かってもらっていたそうです。

そして戦争が起こっても、絶対にその資産を守るという伝統をもとに、プライベートバンクが設立されたのです。

「守る」という事を、300年継続されている金融機関です。その研究結果が「分ける」ということだったのですから、これは普遍の法則に近いものがあると思います。


このスイスのプライベートバンクの資産運用は、大きく二つのことを目標にしています。

一つは、先にお話しした通り、1か所で高い利回りを目指すよりも、分けて安全に運用するということ。

もう一つが、インフレに負けない利回り程度に抑えるということです。具体的にはおおよそ4％とか5％くらいの利回りを目指しています。

これは資産運用の観点では低めの数字と感じるかと思います。

お客様の希望で、7％を目指してください、といわれれば多少はリスクをとることもあ

個人金融資産の比較

個人金融資産の日米比較(2007年6月末)

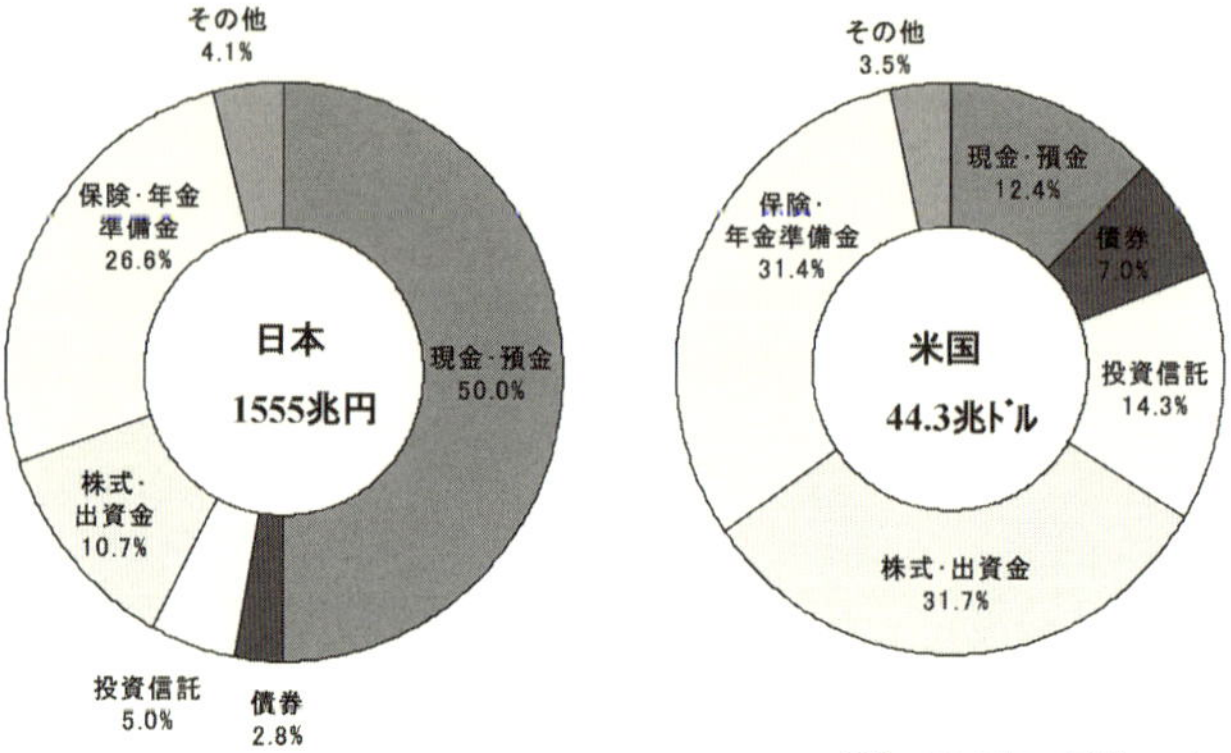

出所　資金循環の日米比較:2007年2Q(6月末)
日銀調査統計局

るようですが、基本は３％～５％くらいで抑えます。

　これが３００年の伝統のこだわりというものでしょう。

　ちなみにこの表は、日本とアメリカの個人の金融資産の持ち方、どういう風に資産を持っているかを現しています。

　日本の場合は個人金融資産の半分、50%が現金・預貯金。

　一方、アメリカでは現金・預貯金はわずか12%です。日本人がいかに預貯金好きかということがわかるかと思います。

　では、アメリカはどのように分散しているのでしょうか?

保険の比率はやや多いですが、あまり日本と変わりません。

しかし、株が30％強、それから債権と投資信託で20％程度という具合にかなり分散投資していることがわかります。

その結果として、アメリカ人は日本人より多く資産を残すというデータが出ています。

資産を残したい方は、アメリカ式を参考に、もっと預貯金を債権や投資信託、株などに分散していくことが大事だといえるでしょう。

資産運用を勉強し、少しでも利回りを考えてお金を預けると、長期運用では大きな違いが出てくるものです。


老後に備えて、2千万円を30年で貯めることを考えてみましょう。

例えば、運用利回り0％の場合、毎月5万6千円の積立が必要です。今の日本の預貯金は、金利0・1％以下のため、積立金額総額と運用結果はほぼ同額です。

もし毎年1％で運用できた場合、毎月4万8千円の積立になります。

これが毎年3％で運用できた場合、毎月3万5千円の積立と、運用しない場合に比べると毎月2万1千円、約3分の1以上も少ない積立額で2千万円を貯めることができるのです。

毎年5％で運用できた場合であれば、毎月2万5千円、運用しない場合の半分以下の積

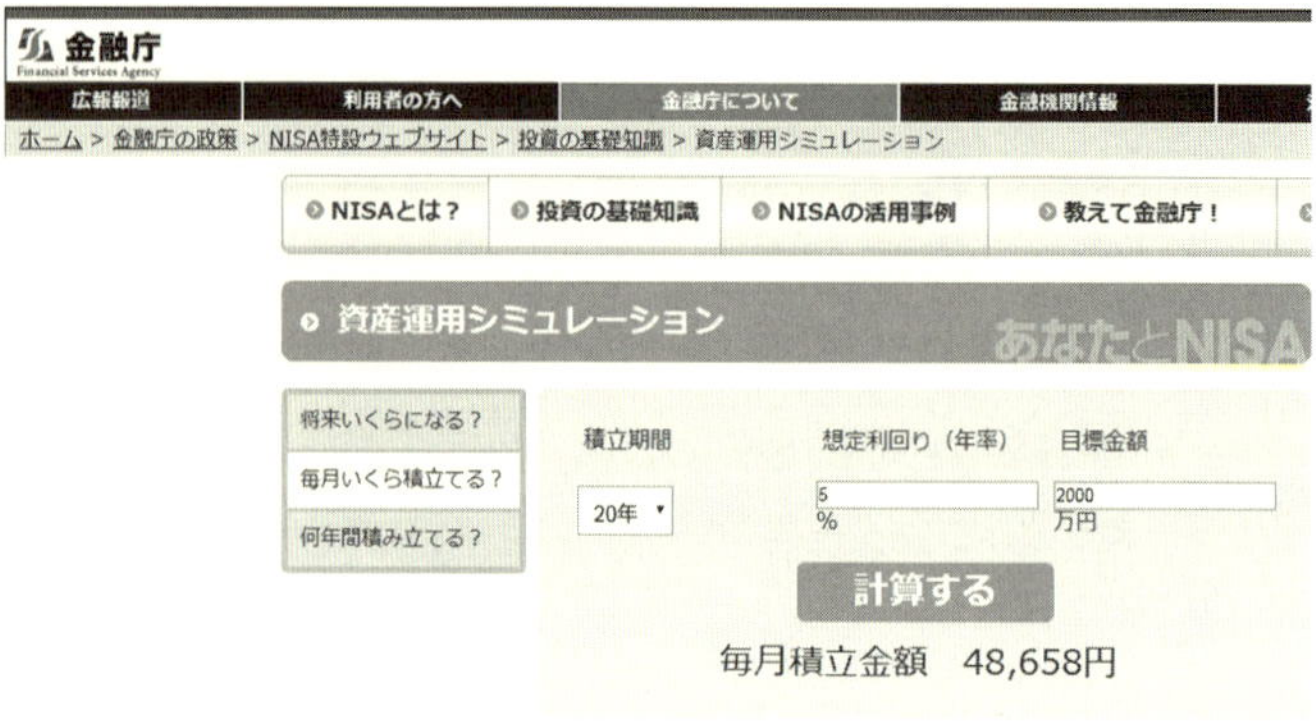

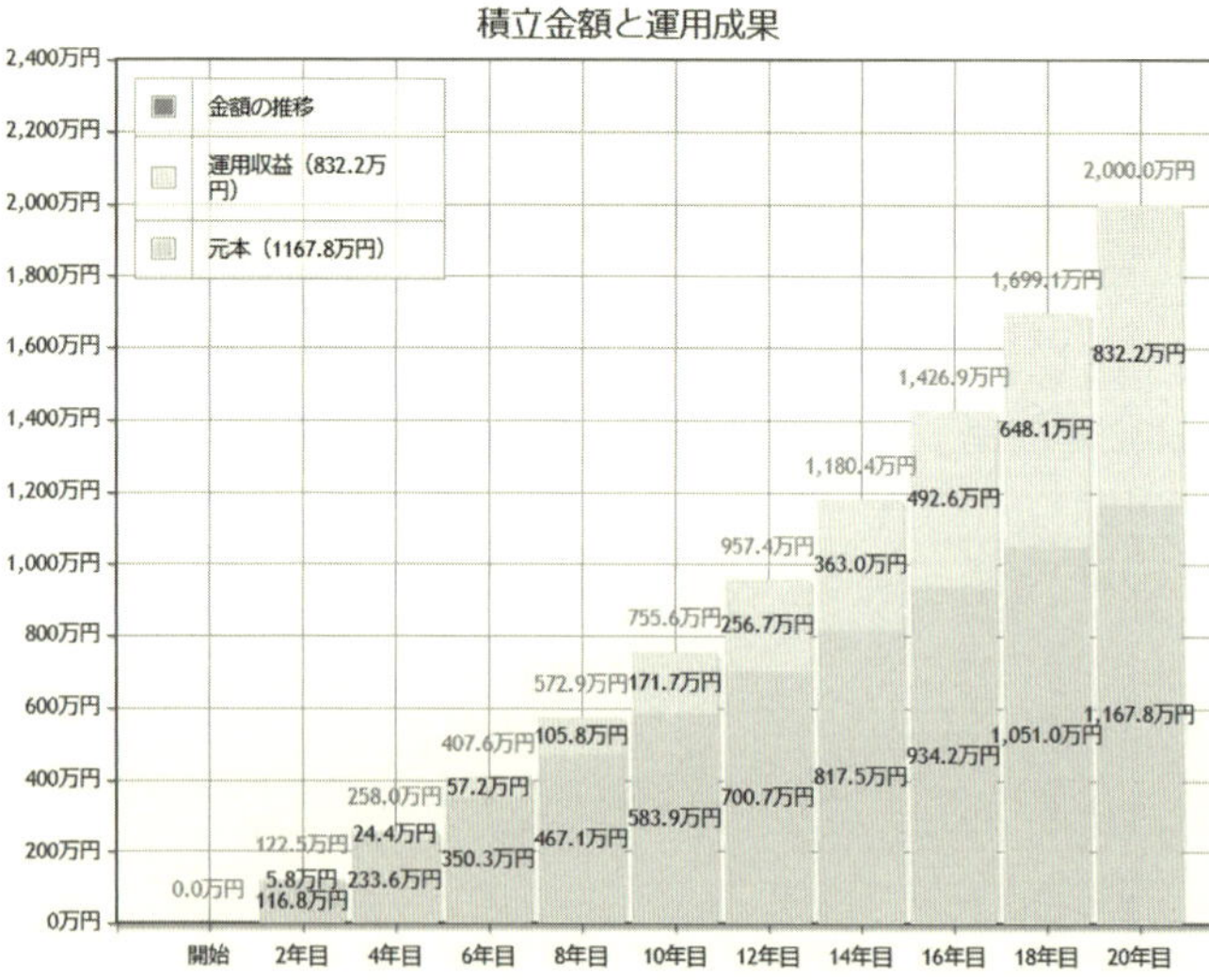

出典：金融庁ホームページ資産運用シミュレーションより引用

2,000万円貯蓄するために（30年間で積立の場合）

運用利回り(複利)	毎月の積立額(概算)
0%	¥56,000
1%	¥48,000
3%	¥35,000
5%	¥25,000
7%	¥17,000

上記は、金融庁ホームページ　資産運用シミュレーションにて計算

2,000万円貯蓄するために（20年間で積立の場合）

運用利回り(複利)	毎月の積立額(概算)
0%	¥84,000
1%	¥76,000
3%	¥61,000
5%	¥49,000
7%	¥39,000

上記は、金融庁ホームページ　資産運用シミュレーションにて計算

立額で、老後の2千万円が準備可能になります。

運用の利回りを真剣に考えてみると、当初は難しいと思われた老後に備えての蓄えも利回りと時間を利用することで実現可能になり、人生に大きな差が出てくるのです。

3、資産運用・資産防衛で失敗しないための3つのポイント

ここまでお読みになり、「資産運用、資産防衛って興味はあるけど失敗したら怖いな・・・」と感じる方もいるかと思います。

ですが、最初は以下の3つのポイントさえ気をつけていただければ、大きな失敗は起こりにくいものです。

1　分散投資をする

お金を一つのところに集中せずに、色んな所に振り分ける。資産の投資先は必ず分散する。

2　時間を味方にする

時間をかけて、10年、20年という長期で運用を考える。

3　専門家を活用して相談する。

専門家を活用して、その道のそれぞれの専門家に相談する。

例えば、株であれば株に詳しい方、不動産であれば不動産に詳しい方、社債であれば社債に詳しい方、そういうそれぞれの専門家に相談して進める。

資産運用をしたいけれども、どうしたらよいかわからない。不安だ、という方がまだまだ日本の場合は多いかなと思います。

日本人の場合は、元本割れしたらどうしよう（絶対に損をしたくない）と、気にされる方がとても多いのが特徴です。

しかし、100%、絶対の保証がつく資産運用など世界中どこにもありませんし、あったら逆に怪しいと思いませんか。

超低利回りなら限りなく元本保証に近いものがあるかも知れませんが、それは結局日本の銀行に預けるのと同じ金利しか期待できないでしょう。

これから資産運用しようという初心者の方に、まず最初の第1歩として、債券（国債、社債）はお勧めです。

債券は、株式や投資信託などに比べて安全性の高い商品です。国や会社などが一般の投資家から借り入れを行う目的で発行され、満期まで持てば、元本が戻ってくるのです。

そして満期までの期間、決まった利子を得られ、満期時までに発行体（国や会社）が破綻しない限り元本が戻ってきます。

ただし、満期前に債券を売却することは可能ですが、売却時の金額は変動します。そのため、預貯金とことなり、元本保証ではありませんが、満期時の元本は保証されているのです。

国が発行する債券を国債、会社が発行する債券を社債と呼びます。

4、日本国債なら720年、米国債なら27年の現状

ちなみに、一番安全度が高い投資先と言われているのは、国が発行している債券(国債)です。国債は、国が保証しています。

どちらの国の国債を買いますか？

	格付け	10年金利
A国	A	0.1%
B国	AAA	2.7%

例えば2つの経済国があるとします。10年預けると、Aの国は毎年0・1%の金利を払ってくれます。Bの国は2・7%の金利を払ってくれるとします。

・Aの国というのは、信用力A。
・Bの国はAAA。

このAAAが一番信用力が高く、AAはその次に、Aはその次に信頼度が高いという格付けになります。

100万円をAの国に預けると、毎年0・1%ですから毎年1千万円ずつ金利をくれるということです。

Bの国は2・7%ですから、毎年100万だと2万7千円の金利をくれます。

72の法則

利回り	複利
1%	72年
2%	36年
3%	24年
5%	14年
6%	12年

あなたは、AとB、どちらを投資先として選ぶでしょうか？

もうお気づきかと思いますが、実際にはAが日本の発行している国債、Bはアメリカが発行している国債です。

こう比べると、どちらの国債が運用先として適しているかは明らかです。

ただ、ほとんどの日本人はアメリカの国債を持っているかというと持たれていませんし、日本の国債、日本の預貯金だけをしている状況です。

預貯金というのは、実は間接的に日本の国債を買っていることになるので、日本人の皆さんは、預貯金を持つことで、日本国債を持っているということになります。

資産運用の原理で覚えておいていただきたいものに「72の法則」という魔法の法則があります。これは複利で運用した場合、元本が2倍になるのに何年かかるかを求めるものです。

計算式　72÷利率＝年数

例えば先の日本の利率0・1％の場合、2倍になるのに720年かかります。
これがアメリカの2・7％の場合ですと、約27年で2倍になるのです。

10年で2倍にするためには・・・利率7・2％が必要となります。
日本でも、昔は銀行や郵便局に預けていれば10年ぐらいで倍になりましたので、多いときは7％ぐらいの金利だったということになります。

金利の効果を具体的に100万円であらわしてみます。
元金100万円を金利0・1％と金利2・7％で比較した場合
10年預けた場合、100万円が0・1％だと101万円。2・7％なら130万円になります。

30年預けた場合、0・1％だと103万円、2・7％なら222万円となります。

2・7％で預けていると、約2倍以上になります。このように金利の効果というのは、年数がたつほど大きな力を発揮するのです。

米国債（2045年2月15日満期）は2019年4月24日時点で複利で2・7％の利回りがありますので、10万ドル預けると26年後には20万ドル、26年で2倍になる運用になります。

一方、日本国債は0・1％としても2倍にするには720年かかります。

これが令和元年の現状です。

ですので、いまに限っては元本割れのリスクをできるだけ減らして安心安全な資産運用をしたいという方の場合、まずは日本の資産をいくらかでも米国債に変えておくというのが妥当ではないかと考えます。

よく皆さんは、「海外国債は為替リスクもあるし怖い」といわれるのですが、米国債の場合はアメリカが破綻しない限り、アメリカが保証してくれています。

米国債　保有国ランキング　（2019年2月 米国財務省公表）

1位	中国	1兆1309億ドル
2位	日本	1兆 724億ドル
3位	ブラジル	3077億ドル
4位	英国	2838億ドル
5位	アイルランド	2741億ドル
6位	ルクセンブルグ	2268億ドル
7位	スイス	2259億ドル
8位	ケイマン諸島	2101億ドル
9位	香港	2024億ドル
10位	ベルギー	1820億ドル
11位	サウジアラビア	1670億ドル

それを裏付けるかのように、世界で最も保有されているのが、米国債というデータも出ています。世界レベルで見ると、残念ながら日本の国債を持っている方は本当に少ないのです。

さらに衝撃的なデータがあります。米国債を保有する国のランキングをみてみますと、一位が中国、そしてなんと2位が我が国＝日本です。

1兆724億ドルの米国債を保有していますので、日本円でいうと100兆円以上です。

以下、ブラジル、イギリス、韓国と続きますが、多くの国がかなりの額を保有していることがおわかりになるかと思います。

世界の基軸通貨は米国債、それだけ信用力があるということになります。

2017年度時点で、米国債を多く持っている代表的な企業を見ても、アップルが526億ドル（約5兆円）、グーグルが448億ドル（約4・5兆円）と小さな国の国家財政レベルの金額を保有しています。

最近ですとフェイスブック社、アマゾン社など、アメリカの大手の企業も軒並み米国債を増やし、資産を運用しています。

実は日本の投資信託などにも、たくさん米国債は入っていますが、それに気がついているお客様は少数です。

投資信託を持っている人で、「私は日本の円しか信じない！」という方もいますが、知らずのうちに米国債を保有しているというのもおもしろい話です。

実際、現状で利益を出せるのは日本国債でなく米国債なので、投資信託運用会社も運用に組み込むのは、自然な流れかと思います。

また、米国債は購入手数料もいらない、管理手数料もいらないので、それも投資信託運用会社にとっては魅力的なのでしょう。

5、為替市場も米ドルの一人勝ち

しかし、同じく資産運用をおこなう、日本の証券会社はほとんど顧客に米国債を勧めてこないかと思います。

これはなぜかというと、証券会社が顧客に販売しても、販売手数料も管理手数料も得られないため、利益も少なく旨味がないためです。

そして、証券会社が勧めてくるのは、米国債を入れた投資信託になります。投資信託にすることで、販売手数料と管理手数料を得ることができるのです。販売手数料は、購入時のみですが、管理手数料は毎年得ることができます。

購入されるお客様の立場で考えると、米国債の利益から手数料を支払った残りが得られる利益となります。そのため米国債の入った投資信託を保有するよりも直接、米国債を保有したほうが利益も大きくなるのです。

世界の通貨別取引高シェア（2016年）

順位	通貨	世界シェア
1	アメリカドル	43.8%
2	ユーロ	15.6%
3	日本円	10.8%
4	英ポンド	6.4%
5	豪ドル	3.5%
6	カナダドル	2.6%
7	スイスフラン	2.4%
8	人民元	2.0%

出典：BIS（国際決済銀行）のデータより

米ドルというのは世界の基軸通貨なのですが、世界の中でも米ドルの取引量は全体の43%、なんと半分近くになります。

その結果どの国でも、自国の為替と比較に出されるのは米ドルです。米ドルが基軸通貨といわれる所以は、この圧倒的なシェア率から来ています。

一方、我が国の通貨である円はどうでしょう。円高が続き価値はどんどん上がってきているようにいわれますが、世界シェアはわずか10%程度です。

バブル時代の大暴落の歴史や、日本の経済（GDP）が下がり続けているという現状などが伸び悩みの原因となっているのではないでしょうか。

この傾向は、ある日突如として、日本海で油田がどんどんわいたり、沢山の山からダイヤモンドや宝石の原石が出てくるなどして、日本経済に大逆転劇が起こる・・・それくらいの奇跡でも起こらない限りこれからも続くかと思います。現実的にはあり得ない話です。円の将来性価値を冷静に受け止めて、米ドルや他の国の通貨に分散しておくことが、結果として資産を残せると思うのです。

「もしも、円の価値が急上昇して、世界通貨が円になったらどうするんですか？」と思われる方もいるかと思います。しかし、その時は他の通貨を売り、円を買い戻せばよい話です。大事なことは時代ごとの中心軸を見据えることです。

どんな通貨でもリスクというのは確かにあります。しかし、それは知識によりコントロールができるものです。

ブラックマンデーのような急転直下の出来事でも、災害などの人的予測不能な原因での急な暴落が起きたとしても、いくつかの国に分散しておけばそれも回避できます。

これは、TVなどでは経済ジャーナリストとして発言され、数多くの著書を執筆して経済界で知らぬ方はいないといわれる、藤巻健史先生も言われていることです。「円高の時こそドルを買え！」と。

つまり、反対にドル高に転じた時に、円しかもっていないと大きく損をしてしまいますよ、ということです。

藤巻先生は世界三大投資家といわれる、ジョージソロス氏のアドバイザーも務められた方です。藤巻先生は、日銀危機、日銀が破綻することも想定されるので、ぜひドルに分散した方がいい、というのを積極的にお勧めされています。

実は昨年、恐縮ながら藤巻先生と私の二人で、大阪の講演会の講師をさせていただきました。

その際も藤巻先生は、「私はドルと不動産がメインで、円は使う分くらいしか持っていませんよ」と高らかにおっしゃいました。

さらに以下のようなことも言っておられました。

「株は今後下がるかもしれません。ですので売却して、ほとんどドルと不動産にしているんです。円は、預けるものではなくて、借りておいたらいい。円の安い金利で借りて、それを不動産とかドルに変えておくのです」

繰り返しになりますが、為替リスクはコントロールできます。円高の時は、価値の高い円の資産を使い、ドルは預けたまま眠らせて運用しておく。そして、円の価値が下がったときには、価値が上がったドルを使えば良いのです。この繰り返しで資産は守られ増えていきます。

6、初心者がドルを保有するための3つの方法

「では、どうやったら素人の私が、ドルで資産運用できるのでしょうか?」

私はセミナー講演後に、このような質問を数多く受けます。

本書では資産運用・資産防衛のノウハウをご紹介していますので、その点を中心に特に資産防衛での資産分散を考慮した保有方法をご説明していきます。

一般的に、資産運用の世界では、米ドルの保有方法は、大きく分けて3つになるかと思います。

ドル預金とドルMMFの違い

	ドル預金	ドルMMF
金利	0.200%	1.799%
為替差益にかかる税金	雑所得として申告必要	申告分離課税（20.315%）の対象
元本の保証	外貨ベースで元本保証	元本の保証はなし
解約の自由度	いつでも解約できます	いつでも解約できます
資産保護	銀行破綻時は、 預金保護の対象外のため 資産保護はありません	証券会社破綻時は、 分別管理の対象のため、 ドルMMF資産は保全されます

【注1】ドル預金の金利は、三菱UFJ銀行　2019年7月5日　外貨普通預金　米ドル金利より

【注2】ドルMMFの金利は、野村證券　2019年7月5日　ノムラ外貨MMF　USMMF年換利回りより

1、ドルのMMFで持つ

一つ目は、証券会社のドルMMFで持つ方法です。これは、証券会社の普通預金口座のようなもので、毎日買ったり売ったりでき、ドルの普通預金のような感覚で扱える流動性の高いものになります。

元本保証ではありませんが、ドルMMFの発売後、40年以上にわたり、ドルベースでは、まだ元本を割ったことはありません。

常に預けた額よりドルでは増えるというのがドルMMFで、しかも最近の利回りで言うと、大体1・5%から1・6%ぐらいの利回りです。円に比べると非常に利率のよい商品です。

そういう意味では、企業の流動性資金、事業資金なども一部ドルMMFで持っておくと

いうことをお勧めさせていただいております。

2、ドル預金で持つ

二つ目は、預金で持つ方法です。
しかし、私は銀行のドル預金というのは、安全性という観点から、資産運用や資産分散には適していないかと考えています。なぜなら、預金というのは銀行固有の力量に左右されるからです。

例えば地方銀行のドルの預金を持っていたとしても、その銀行が破綻したときは、そのドルの預金もなくなったり、預金が目減りしたりする可能性もあります。

今の時代、特に地方銀行などは、わずか数日にしてどんなことが起こるかわかりません。長めのバカンスに海外旅行を楽しんで、日本に帰ってきたら口座が凍結されていた・・・なんてことも起こらないとは限らないので、銀行のドル預金というのは、お勧めしておりません。

3、米国債・社債で持つ

3つ目の方法は、米国債、もしくは米ドルの社債で持つ方法です。お勧めは大手の金融機関や国際的な大手企業が発行している社債です。

米国債は、全ての証券会社が扱っているものではありません。一部、扱っている証券会社がありますので、扱っている証券会社で持つことになります。


米ドルの社債というのも、これは証券会社ではあまり勧めていません。運用利回りはよい商品なのですが、米国債と同じ理由で、証券会社が儲からないので勧めていないのです。実は、米国債と同様に投資信託や保険商品の中身として社債が入っているものが多いので、間接的に社債を持たれているのです。

しかし、持つ側からすれば米国債と同様、米ドルの社債というのは、直接に保有することで、高い利回りを安定して享受できるお勧めの資産運用です。

社債のデメリットは、購入単位が、10万ドル、20万ドル、50万ドル等、比較的、まとまった額を購入する必要があることです。


米国債と一口で言っても様々な期間のものがあり、3年くらいの短期から10年、30年など長期のものもあります。

10年の米国債の場合は、10年間の利回りが2%（2019年4月頃）でした。10年間預ければ、10万ドルが12万ドルになって、約22％増えるのです。

そしてもっと長い残存期間26年の利回り2・7％の米国債でしたら、26年で約2倍に増えます。

また米ドルの社債で一例をあげさせていただくと、世界で最大規模のヨーロッパの生命保険会社が発行するドル建の社債（劣後債）など、2019年4月頃は、年利回りが5％位ありました。

このように、米国債よりもかなり利回りの高い社債というものもあります。

米国債と組み合わせてこういう社債を3年間持っていただくと、安心な状況でドルベースの場合、15％も資産が増えるのです。

この米国債と米ドルの社債のように、資産運用はいくつかの組み合わせでさらに加速していくパターンもたくさんあります。

7、個人年金のススメ

老後の資金などを貯めるときは、税金のメリットもある個人年金もお勧めしております。ただ、前項と同じく、個人年金をされるときも円建で運用されると利回りが低く反対にリスクがありますので、ドル建ての個人年金を活用することが大切です。

そして、老後の資金作りに必ず絡んでくるのが住宅ローンです。この支出を減らすことで、お金は貯まっていきます。

現在、高い金利で借りている人は、金利の引き下げ交渉や他行での借り換えをすると、金利が下がり支出がかなり減る可能性があります。

現在のように金利が低いときは、長期の固定で借りるのがお勧めです。銀行は基本変動金利を勧めてきますが、こういう金利の低い時代というのは、長期で固定しておく方が、ライフプランを考える上でも計画が立てやすくなります。

ぜひ、なるべく低い金利にて長期固定で借りる、ということを意識してください。

住宅ローン　見直し効果

・借入残高　2000万円、期間20年

金利	月支払い		総支払い
3.0%	\110,919	－	2,662万円
2.0%	\101,176	－	2,428万円

削減　約200万円

これは少し前の話ですが、住宅ローンの見直しをして大きく支出を減らされたご夫婦がいました。

当時3％で借りていた融資を、2％に借り換えしたのですが、残りの2千万円の住宅ローンの残高を20年間の期間で借り換えをされました。

すると、利息が20年間で約200万円、下がるという効果がありました。

毎月の支払も11万円だったものが10万円になって、1万円コストが抑えられました。

このように1％金利が違うだけでも、総支払額が大きく変わってきます。

そして、その余剰になった1万円をもとに、同じく20年ほど資産運用をすると、さらにお金は増えていきます。

同じお金でも、無駄に支払うか資産を増やすか、そのコントロールは持ち主である皆さまの舵取り次第ということをお忘れなく。

8、手段の一つとしての安定の年利回り5％資産運用

本書では、資産運用では、まずはドルに資産分散するということが、資産を守るためには大切なことだと繰り返しお伝えしてきました。

しかし、今後のインフレに対応するため、円建てでも5％ぐらいの利回りが出るような商品も登場してきました。

分散投資の考え方や準備が整ってきたのなら、そういう商品を活用していくことも、分散投資の応用としては検討の価値があると考えます。

ドルに分散し、一部円建てのお金も保有します。そして、その後の一手として、円でも利回りの高い安定した運用商品を増やしていくのが理想形です。

例えばこんな商品もあります。こういう安定した運用成績をあげている商品も、よく探すと世の中にはいくつか存在しております。

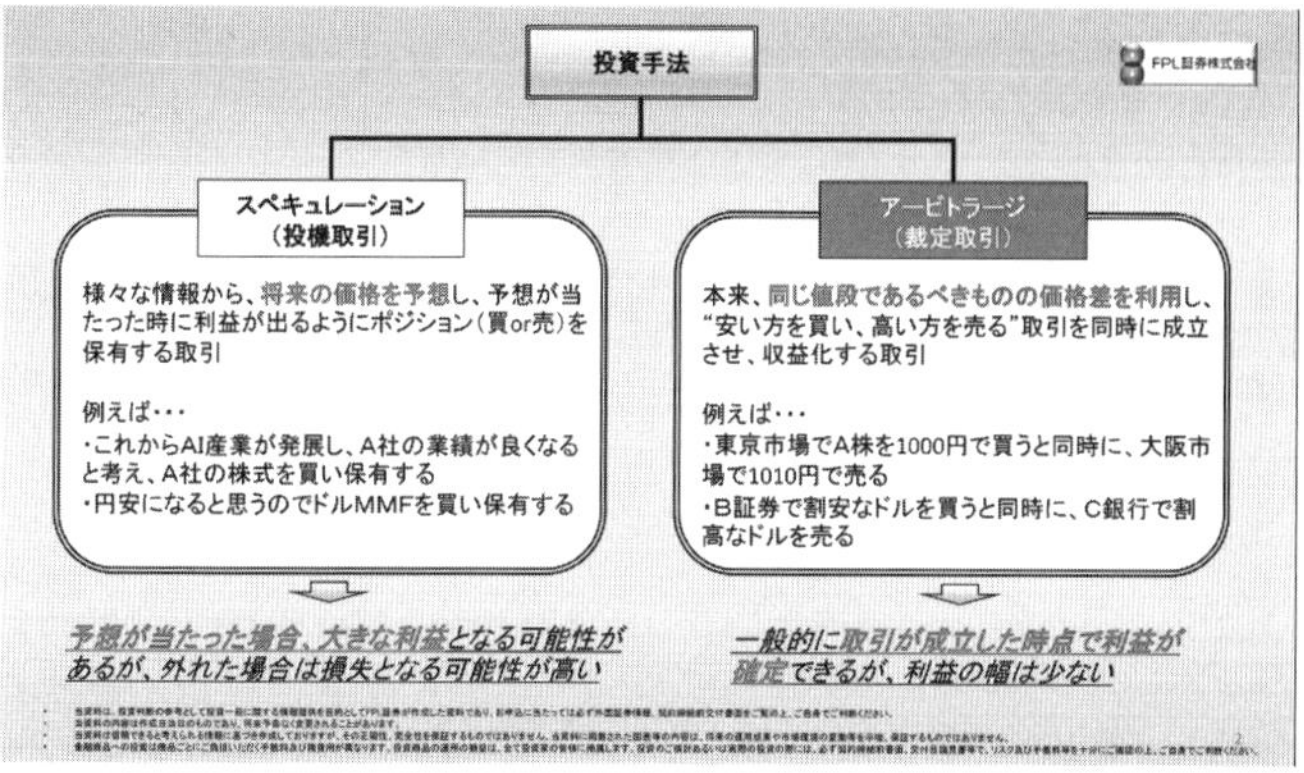

出典：FPL証券株式会社

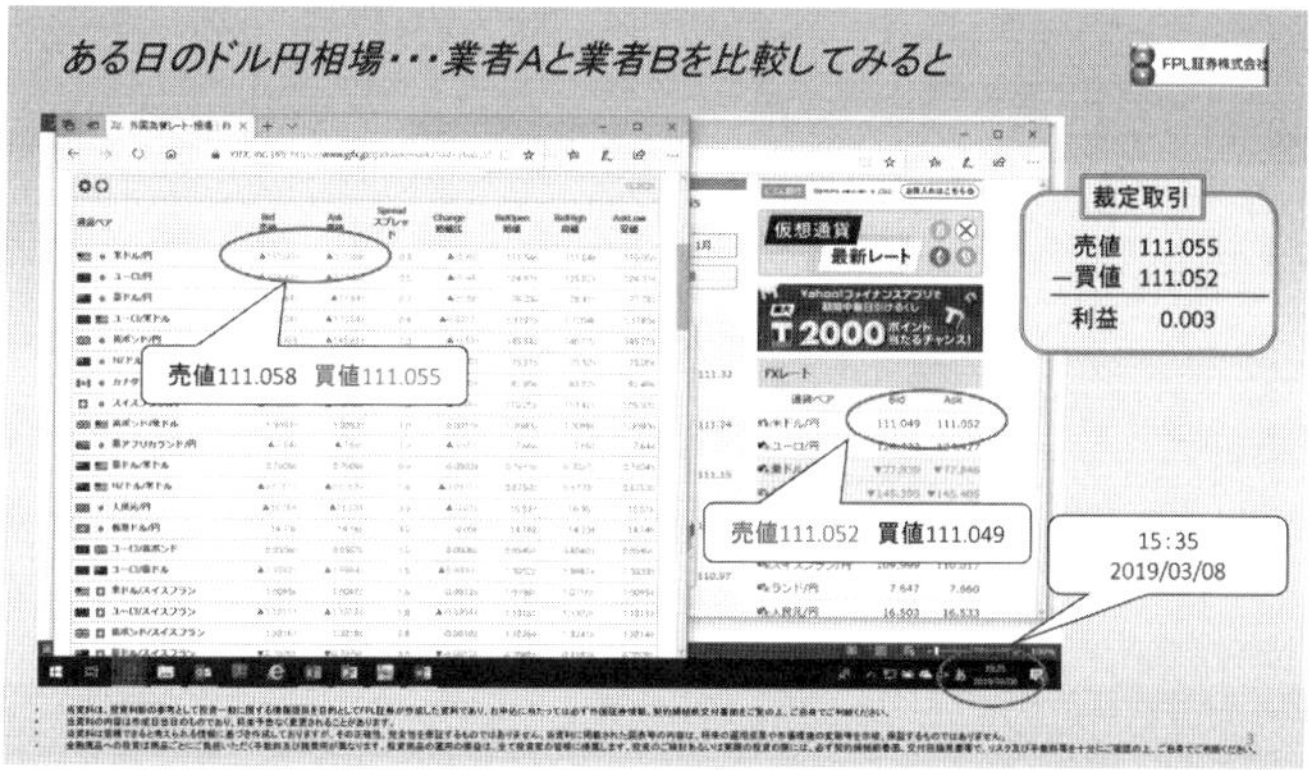

出典：FPL証券株式会社

これは円建ての投資信託ですが、毎年安定して100万円当たり5万円から6万円の分配金を、円建てで出しています。年利回り5%〜6%という驚異的な利回りを続けています。

2013年の分配金が100万円当たり6万4千円、2014年が6万円、2015円が6万7千円、2016年が5万円、2017年が4万8千円、2018年が6万4千円という形です。

毎月、コツコツコツコツ、少しずつですが堅実に増えている投資信託です。

元本保証ではないので、元本割れするリスクはありますが、6年間で一か月だけマイナスになっているだけで、あとは常にプラスの収支です。

年間利率5%前後くらい、これだと2%のインフレなどにも負けませんので、インフレがあっても増えていくというのが強みではないでしょうか。

このようなミドルリスク・ミドルリターンの商品を一つの選択肢として活用できるのも、分散保有のおもしろみだと言えます。

一般的な投資信託というのは、投機取引という運用手法を使っています。つまり株や債券が上がるか下がるか、一方に賭けて投資するという手法です。

しかし、先ほどの安定している商品の方は、投機取引ではなくて、裁定取引という、もともと同じ値段であるべきものの価格差を利用する運用手法を使っています。

裁定取引はアービトラージともいい、「安い方を買って高い方を売る」取引を同時に成立させて、小さな利益を得て、それを積み重ねていくというような運用手法です。

例えば、同じ株でも東京の取引所と大阪の取引所で価格差が出る時があるのですが、その時にすかさず安い方を買い、高い方を売ることで、その差が利益になります。

基本的にあまり大きくは儲からないけれど、負けもしないという運用手法で、継続して小さい利益を積み重ねていくとそれなりの資産になっていきます。

また、応用としてドルとか円とかユーロなどの為替差を利用した形で売買して、その利益を積み重ねるような商品もあります。

私もこれは最近活用し始めた投資手法なのですが、本当に色んな運用手法の投資信託があります。しかし、話を聞いて1分で怪しいと思うものが大半です。

だからこそ、信頼できる方からこういう情報を集める、そして自らも金融の知識が必要となってきます。

当然、不動産に興味がある方は、不動産に詳しい専門家に相談しながら分散していく、仮想通貨がやりたい方はその道の専門家に相談してください。

最後になりますが、資産運用や資産防衛は最終的には自己責任となります。

必ず人任せではなく、自らの頭で考えたり、決断することを忘れないようにしてください。

終章
「人間繁盛」にならないと、「商売繁昌」にはたどり着けない

1、資産づくりの前に、人として成長する

本書では、ここまで大きくわけて、2つの点についてお話してきました。

一つは、いかにして資産をつくり、増やしていくか。

もう一つは、その資産を守るためにはどうすればよいのか。

つまり、「商売繁昌」を永遠に続ける方法、人生を生涯安心に生き永らえる方法についてご説明してきました。

しかし、今現在商売繁昌されて、お金持ちになられている経営者や人生を優雅に生きている方々は、お金や損得のことなどは後回し。まず「出逢い」や「ご縁」・・・つまり人間関係を第一にされています。

やはり人間力、品格が高くて、人間的に本当に素晴らしい方々です。

私はこれを「人間繁盛」と呼んでいます。

実際に、大富豪の方々に出逢うと、意識しているかは人それぞれですが、結果としてそれは100％の確率でおこなわれているのですから驚きです。

そして反対に、今お金に困っておられる方というのは、どちらかというと、ご縁よりもお金に走ってしまいがちです。人間力、品格としてはまだまだ低い状態にあるがために、結果的にお金にも苦しんでいるのかなと思うのです。

お金も、行く場所を選ぶということでしょうか。

このことからわかったことは、お金持ちになりたければ、順番でいいますと、「人間繁盛」になるべき道を見つけることが大切になってくると思うのです。

さきほども言いましたが、人間力・品格の高い方というのは、お金を求めて、事業をするとか、資産運用をするのではなく、誰かの役に立つためや、世の中の役に立つためとか、社員の幸せのために行動されています。

どちらかというと、本当に社会のため、人のため、世の中のために生きているうちに結果的に、お金に好かれてお金持ちになられているのです。

本書の冒頭でお話しした「バリの人富豪の兄貴」は、若い後輩に自分の給料のほとんどを使っていました。

世界長者番付で常に上位のビル・ゲイツ、ウォーレン・バフェットは、ボランティアや教育にものすごい額の寄付をしています。

同じく、長者番付常連のファッションブランド「ZARA」創業者で有名なアマンシア・オルテガは、超多忙ながら毎日欠かさずランチは、会社のカフェで従業員たちと楽しむことを退職まで続けたそうです。

また、日本の長者番付上位の私がお世話になったキーエンスの創業者の滝崎武光さんも社長時代は、毎日、社員一人一人との昼食会を持ち、社員の声に耳を傾けてくれていました。私の入社当時1990年バブル後半、まだまだ証券会社が破格のボーナスで平均年収日本一だった時に、いずれキーエンスの社員の皆さんの平均年収を日本一にすると言われていました。そして今やその言葉を実現されています。

以前、講演で京セラの創業者、稲盛和夫さんがこのようなことを言われていました。

「5年とか10年のスパンであれば一時期的に儲かることはできる。お金儲けを目的にやっていても儲かる。でもそれは絶対、30年というスパンでは続かない。本当に社会の役にたつために、ということで事業もしていかないと永続できない」

この言葉通りだと思います。

30年とは何だろうと自分なりに考えてみると、20代の大学卒業から、50代の退職時期であると思いました。

つまり、裸一貫で仕事を始めて、一代で働ける期間です。その間ずっと「商売繁昌」を続けるのは並大抵のことではないでしょう。

さらにそれを次の世代に繋げることを経営者の方は考えられます。それはもう至難のわざということはお分かりいただけるかと思います。

30年間という長い年月もあれば、いろんなものが淘汰されて本物しか残らないのです。ですから、最終的には、お金持ちになって、人生、会社を生き永らえさせていくためには、自分の価値、人間力、品格を高めていく、という事にお金を投資する、お金を使うということが大切になるのです。

また、稲盛和夫さんを塾長として学ぶ盛和塾の中で、稲盛塾長はいつも「心を高める。

経営を伸ばす」と言われています。

そのためには、自己研鑽、自己投資を続けて、絶えず努力を続けていかないといけません。なんとか時間をつくって、セミナーや研修に参加したり、偉人たちの経営論や自己啓発の本を買って勉強したり、そういう事に投資するということが、これからの時代必須になってくるでしょう。

やはり、法則を学ぶということが大切で、原理原則というものがあります。

それは、理論では説明できない、人知を超えた大自然の法則、宇宙の法則と大きな概念になります。しかしそれを理解し、実践する努力を続ける必要があります。

「スピリチュアル過ぎる！」「迷信だ！」とおっしゃる方もいますが、おもしろいことに、人間力、品格の高い方とお話しをしていると、必ず最後はこの話になっていきます。

自分ではどうしようもない原理原則があることを知ることにより、物事全体、お金の世界でいえば金融市場の行く末が見えてくるということではないかと思います。

しかし、この原理原則は、間違ったものを学んでしまうと、誤った方向に進んでいってしまいます。

ですので、本物を学ぶということが大事です。

間違ったもの、偽物を学んでしまうと、あとから正しく矯正するのは難しい。それはスポーツや語学などの学びと同じです。

2、私が実践する「人間繁盛」への学び

私が実際に所属し、日々貴重な学びを得ている会をご紹介します。

・倫理法人会

倫理法人会は、一般社団法人倫理研究所の法人会員組織です。倫理法人会は、「企業に倫理を、職場に心を、家庭に愛を」をスローガンに、全国6万7千社の会員企業が純粋倫理に根ざした倫理経営を学び、実践し、その輪を拡げる活動に取り組んでいます。

私も滋賀県倫理法人会の前会長のお役（2015年～2017年）を拝命し、現在は副会長として活動しております。

こちらでは特徴的なイベントがいくつか行われています。

・経営者モーニングセミナー

毎週一回の経営者が学ぶ道場です。モーニングセミナーでは、大自然の生活法則がかかれた「万人幸福の栞」というテキストを使って学んでいます。また、経営者の体験報告に気づき、学びをいただきます。

・活力朝礼

「職場の教養」という毎月発行される冊子を使って、朝礼をします。

・倫理指導

大自然の法則に則って、個人的に、どういう実践に取り組んだらいいか、というような個人指導があり、私も色々なところで、この個人指導を活用させていただいております。

・経営者倫理セミナー

富士山のふもとにある、「富士高原研修所」というところでの研修があります。

詳しくは後程ご紹介しますが、私はこの富士高原研修に参加したことで両親への感謝、親孝行の大切さなど、多くの気づきと学びを得ることができました。

人がよりよく生きるためには、普遍的な大自然の法則をはじめ、経営者自ら「挨拶、返事、後始末、即行、感謝、夫婦の愛和」など目の前の小さなことを大切に喜んで取り組むことが大切です。その結果、人徳が磨かれ、良き社風が作られ、企業繁学につながる・・・そんな大切な事を学べます。

やまとの智恵実践協会「やまとしぐさ」辻中公塾

やまとしぐさ伝承学師範である辻中公さんがおこなう一人ひとりの天命や実践する力を見出し、語り継ぎたい日本の心、やまとの智恵で本来の自分が輝き出す会です。京都・銀座に宇宙の真理、大自然と調和した生き方を学べる各クラスがあります。

「やまとしぐさ」を学び実践することで、日本が大好きになり、自分も好きになり「感謝、思いやり、尊敬、責任、信頼」という「五つの心」が育まれます。会員の皆さんは、それぞれ自分らしく生き生きと才能を発揮され、素晴らしい笑顔で、輝いていらっしゃいます。

私もこの「やまとしぐさ」の教えのおかげで、日本、日本人の素晴らしさを学べて、日本に誇りを持てるようになり大好きになりました。また、日本語の意味も学べて、日本語の一文字、一文字の意味、素晴らしさを実感し、「行ってらっしゃい」「行ってきます」はじめ、大好きな言葉がいっぱいできました。感謝に感謝を重ねる教えには本の出版をはじめ、たくさんの奇跡の体験をいただき、「やまとしぐさ」の奥行き、深さに驚いています。

当社の社員も「やまとしぐさ」を学ばせていただいており、朝礼では、辻中公さん著書『やまとしぐさ日めくりメッセージ』（ごま書房新社）を輪読しています。

社員の皆のほうが「やまとしぐさ」を実践できていて、私自身がまだまだ不十分で至らないということを痛感しながら、日々、実践に励み、「5つの心」を育み人間力を高められるように取り組み中です。

福ふくゼミナール　後継者実践塾

福ふくゼミナールは、代表の木谷昭郎さんが、滋賀県に「本物」と呼ばれる方々をお招きし、学ぶ機会をつくりたいと立ち上げられた勉強会です。現在、私も副代表として、大畠美香さん（福ふくゼミナール話し方教室専任講師）と共にお世話役をさせてもらっています。

特に企業の後継者を育成するための活動が「福ふくゼミナール後継者実践塾」です。滋賀県、日本を代表する企業で、2013年日本経営品質大賞も受賞された滋賀ダイハツ販売さんの後藤敬一会長が塾長です。後藤さんは、ご縁を大切にされ、社員の幸せを追求する経営で人間繁盛、商売繁昌されている、そんな後藤さんの凡事徹底の実践の後ろ姿に学ばせていただく会です。

後継者の方だけでなく、創業者の方も学べる会になります。

この会では「初任給授与式」というイベントも行われています。新入社員の方が、初任給を頂いたら、育ててくれた両親にも感謝を伝えるというような式で、非常に感動的です。そういう現場も見せていただきながら、学ばせていただく塾になっています。

3、私の人生を変えた「富士高原研修所」での3つの学び

倫理法人会の富士高原研修所での研修に私が初めて参加させてもらったのが、2008年の1月、今から11年前です。ちょうど富士山を目の前に、正座をしながら研修を受けました。

そのとき講師の先生から「あなたが、今までの生涯でもっともお世話になった人を思い出してください」というお言葉を頂きまして、その時私の目の前に出てきたのは、今から17年前に亡くなった父です。錯覚だったのかもしれませんが、父が目の前に座っている。そんな感覚に陥りました。

父は、64歳で、心筋梗塞で入院中に突然亡くなりました。親孝行したいときに親はなし、と言われますけれども、本当にその通りになってしまい、感謝を伝えることもできず、親孝行もできずに亡くなってしまいました。

負担ばかり、迷惑ばかりかけたなという申し訳なさから、もういつ以来かというくらい号泣して雪の上で正座しながら、「ごめんなさい」と亡き父に謝りました。

そのときに、父宛に書いた手紙がこちらになります。

「お父さん、ありがとう。お父さんとお母さんの子供で本当に良かったです。生きている間に言えずにごめんなさい。ありがとう。」

この手紙を亡くなった父に書いて、実家に送りました。実家の母はその手紙を受け取って、父の仏壇に供えて今でも大切に保管してくれているようです。

振り返ればこの時が親のありがたさを実感させていただいた最初だったかな、という感慨深い研修でございました。

この倫理法人会の学びの中で、私が最も好きな一説、万人幸福の栞のなかで、最も気に入っている文章を紹介させていただきます。

4、明朗、愛和、喜働「純情　すなお」

ふんわりとやわらかで、何のこだわりも不足もなく澄みきった張りきった心、これを持ち続けることであります。こんな生き方が生涯できたら、どんなに素晴らしく爽快かと思いませんか。私もまだまだ日々実践しながらの勉強中の身ではありますが、この境地を目指して日々実践につとめております。

この富士研修で「3つの実践の決意」として、自らが日々実践すべき課題を決めました。
1、毎月、父の墓参りをして両親に感謝する
2、毎日ハガキを書いて、お世話になったひとに感謝する
3、活力朝礼という、先ほど言いました「職場の教養」という倫理法人会が発行している冊子を使った、朝礼をやっていく
この3点の実践をベースに、現在も取り組みをさせて頂いています。

活力朝礼は、「職場の教養」という冊子を使いながら、この小冊子の一説を輪読し、感想を発表するようにしています。小さい会社では朝礼をしないところも多いかと思いますが、この朝礼が理念共有、コミュニケーションの促進、改善にも役立ち、笑顔で毎日をスタートできます。

滋賀県の朝礼といえば、「元気発信朝礼」で全国的に有名な、株式会社ビサイドプランニング様という会社がございます。こちらの永田会長からも色々ご指導をいただいており「ありがとう報告」という取り組みもさせていただいています。

お墓参りは、人間力を高め、器を大きくする最初の第一歩は、先人、両親に感謝をする心を持つということです。

私も先ほどの富士山の研修にいってから始めた事で、本当に気づくのが遅かったのですが、両親への感謝を忘れないよう、毎月和歌山の実家に帰省し、父の墓参りをするようにしています。

毎日ご縁を頂いた方に書いている「感謝ハガキ」は、一時中断もあったものの、再開し、現在3300日を超えたところです先にご紹介した「滋賀ダイハツ販売」様では、全社員約350名が「産んでくれてありがとうハガキ」（辻中公さんプロジェクト）というハガキをご両親に出す活動を実践されています。

この活動に感銘を受け、私も会社のスタッフと一緒に毎月月初には「産んでくれてありがとうハガキ」を書き、両親、先人に対する感謝を忘れず、そして心で想うだけではなくハガキを出すことで想いを伝えています。

5、「人間繁盛」の大切さを高名な住職から教わる

恥ずかしながら、私は元々、どちらかというと損得勘定を優先させた生き方をしてきたと思います。特に独立してからは商売繁昌の方ばかりを考え毎日必死でお金を追いかけていました。

そんな中、倫理法人会との出会いから、井本全海さんという住職とのご縁を頂き、人間繁盛という言葉を教えていただきました。

「人間繁盛」その言葉と出会ったことで、私の人生は大きく変りました。人間繁盛を目指

し、目先の利益にとらわれず、心底人との良い出会い、良いご縁を求めることを心がけるようにしたのです。

すると不思議なもので、自然と私の元にたくさんの仲間と仕事が集まってくるようになり、結果として商売繁昌も実現することができました。

振り返って、もしこの言葉にであってなかったらと思うとぞっとします。おそらく今でも、商売繁昌を目指しながらも、一生人間も貧乏、商売的にも貧乏、孤独の中で悪戦苦闘していたのではないかと思います。

活動の中からご縁を頂き、前著「人間繁盛、商売繁昌7つの実践」も出版することができました。この本を通じてまた出会いとご縁が広がり、まだまだ実践途中ではありますが、「人間繁盛、商売繁昌」への取り組みを継続させて頂いているところです。

繰り返しになりますが、やはり事業、人生を生き永らえるためには、幸福になる、大自然の法則というのを学んで実践するということが大事です。

そして本物に学んで、本物の経営者の実践を学んで、真似させて頂きながら、自分自身を変えていくということです。

まず根本に、自分自身のルーツ、両親への感謝。経営者の場合でいうと、先代とか創業者、創業にあたってお世話になった方など、現在の仕事につながるルーツ、ご縁への感謝を忘れないことです。

私も、この十数年で色々な経営者の方とお会いしたのですが、例えば親子喧嘩をされて別れて子供が独立をした場合など、一時期的には繁栄されても、長くはもたず結果的に衰退されている、そんなケースをたくさん見てきました。

やはり親、両親、創業者、そこからつながるご縁に感謝をして、そのベースの上で経営をしていくこと、これは商売繁昌の絶対条件なのだと感じます。

6、滋賀の先輩経営者たちからの学び

活動の中で多くの出会いがあり、素晴らしい先輩とのご縁も頂きました。先輩から話をきき、教えていただくこと。この出会いと学びで人間は大きく変わり、成長できるのだと実感しています。

その一つが、夢を実現する「夢現塾」です。井内良三さん、永田咲雄さん、水野元也さんの三人と一緒に、月一回の勉強会をしています。

先輩の方々から、本当にざっくばらんにアドバイスを頂いたり、場合によっては「間違っ

ているんじゃないの?」という指導も頂いたりしながら楽しく学ばせていただいています、本当に楽しく、ありがたい学びの場となっています。

滋賀ダイハツ販売の後藤敬一さん

滋賀ダイハツ販売会長の後藤敬一さんとの出会いも、私の人生を大きく変えました。倫理法人会で木谷さんと出会ったおかげで、後藤敬一さんとのご縁も頂けて、後藤さんにも福ふくゼミナール後継者実践塾をはじめ、いろいろなところで学びを頂いています。

やはり後藤敬一さんも、両親・先人への感謝をしながら経営をされています。社員さんをはじめ、常に目の前の人の幸せというものを考えて、行動をされている。この人間繁盛があってこそ、商売繁昌につながっているのでしょう。

今や滋賀ダイハツ販売様は、「してさしあげる幸せ」、「社員の幸せ」を追求する経営が評価され、世界のトヨタグループがDVDを作って、全世界に配布し教材にしているような存在になっています。そんな会社の経営者に身近に学ばせていただけるというのは、本当にありがたいことです。

JJFの志村保秀さん

志村さんはセミリタイアされて悠々自適な生活をされている経営者であり、資産家でもある方ですが、いつも本当に社員さんやお客様の喜び、幸せというのを大切にされている方です。

ゴルフがお好きでいつも楽しく遊び人生を楽しんでいる、というイメージの志村会長ですが、実はお母さんを連れて温泉旅行に行かれたり、実家に帰ってお母様と食事をされたり。表にはそんなことを一切出さず、「わしはそんなん、似合わへんから！」と笑っておられますが、とてもお母さま孝行をされておられる方です。お父様は、残念ながら数年前に亡くなられたのですが、お父様のこともすごく尊敬し、大切にされておられました。

印象深かったのは、お父様のお葬式での一幕です。お父様は先代の社長で、志村さんは二代目なのですが、お父様の生前に新しい社屋を見せられなかったので、遠回りして霊柩車で新しい会社の前を通り、お父様に新しい会社を見せてから火葬場に向かわれたのです。

幸福で、お金も豊かで、心も豊かな方というのは、やはり両親への感謝というのがベースにあるものです。この志村さんからも、多くの気づきと学びをいただいています。

7、成功する人生の法則

二宮尊徳先生が言われている「たらいの水の例話」というものがあります。

「欲心を起して水を自分の方にかきよせると、向うににげる。人のためにと向うにおしやれば、わが方にかえる。金銭も、物質も、人の幸福も亦同じことである」

社員さん、お客様、家族両親、身近な方々、周りの方々、目の前の方々。自分を取り囲むご縁を大切にして常に感謝し、そういう方のお役に立つことを考えて行動していると、結果的にいつか自分に返って来ます。

お金も同じです。お金儲けをしよう！　と欲に駆られて自分の方にかき寄せようとすると、お金はどんどん逃げてしまいます。

相手の利益、相手の儲けというのを先に考えて与えていくと、結果的に返ってくる、これは本当に身近な方々を含めて学ばせていただき、日々実感しているところです

人生を変えるためには、まずは出会いを変えるということが大事です。

人生とは出会いの連鎖で、一つの出会いが次の出会いを生み、木が伸びて枝葉を広げていくように、色々な方々とのご縁がつながり、広がっていきます。

私の場合でいうと、今の私をとりまく人間関係の根本の出会いをたどると、新庄昇さんという方との出会いが、全ての原点になっています。

この新庄昇さんと出会えたおかげで、倫理法人会という団体に出会い、木谷昭郎さんと出会い、木谷昭郎さんから、ハガキ道であるとか掃除道の大切さを教えていただいて、福

ふくゼミナールの世話役、副代表をさせて頂くようになりました。また、この福ふくゼミナールでも、素晴らしい多くの出会いを頂くことができました。辻中公さんもそのお一人で、辻中さんとの出会いから、出版社の方と出会い、前著の出版へとつながりました。

類は友を呼ぶといわれますが、やはり人生が豊かな人、心が豊かな人というのは、そういう方々で集まっている。そして貧しい人は貧しい人で集まっています。

まずは素晴らしい方々と出会って、おつきあいをしていただけるような自分に変わる。そのためには自分自身の教育に投資し、自分磨きをする事が必要です。

出会いを変えて、幸福になる法則にどんどん投資をしていくと、人間繁盛、商売繁昌に繋がり、自然と資産やお金も増えていくと考えます。

本書では、資産防衛の手段として、ドルへの投資や分散投資をご紹介してまいりました。金融や投資の知識も資産をつくるためには大事なのですが、その前段階として、必ず、自分自身に投資する・教育に投資する、研修に投資する、という事も非常に大切です。

本章の終わりに大尊敬する経営者である後藤昌幸さん（滋賀ダイハツ販売社主）の感銘を受けたお言葉を紹介させていただきます。

「教育は全ての業務に優先する」

あとがき

本書を最後まで読んでくださってありがとうございます。

心から感謝いたします。

「お金は夢を叶える道具、そして、お金は家族を守ってくれる道具」

この言葉が私の胸に今でも深く刻まれています。


このことを実感したのは、製造業を経営される4人家族の社長ご夫婦との出逢いがきっかけでした。

もう十数年前のことです。当時、ご主人66歳、奥様43歳、お子様8歳、6歳の幸せな4人家族でした。私はご縁あって、このご夫婦と知り合い、当時の本業であった保険を中心にライフプランニングのお手伝いをさせていただいておりました。

ご主人は、生涯念願にされていたお子様お二人をとても可愛がられておりました。経営者としての厳しい表情とは全く違う本当に優しい笑顔でお子様を抱いていらっしゃいました。

自社工場の2階に自ら制作された息子さんが乗れる機関車と長さ30～40mの線路をつくられ、「凄ーい!」とお子様が大喜びされていたのを拝見した時、ご主人の家族への愛情の深さを感じました。

もちろん、その愛情はお金の使い方にもあらわれ、どんな状況になっても家族が困らないようなライフプランニングを考えていらっしゃいました。


そんな幸せな生活を送られていた時、突然ご主人様のがんが発覚しました。

ご主人は、闘病しながらも、奥様、お子様のために素晴らしい父親としての生き方、思い出を残されました。

告別式に参列した私は、しっかりした表情で奥様の隣に立たれている12歳と10歳のお子様をみて、同い年くらいの息子を持つ父親として号泣してしまいました。天国に旅立たれたご主人は、無念だったろうな・・・と。

そして告別式の最後、奥様のご挨拶がとても深く印象に残りました。

「主人は、忙しくても家族のために時間をつくり思い出を共に紡いでくれました。まさに、子どもたちのヒーローでした。そんな息子たちはいつも、「病気を治す人になりたい」「パパの会社を再開したい」と将来の夢について話しています。

今まで本当にありがとう。生まれ変わっても、もう一度あなたと」

このお別れのご挨拶に、会場は涙に包まれました。その後日、奥様から、「子どもが大学生になった時、一生涯安心できる保険を子どもたちに紹介してほしい」とご連絡をいただきました。

そして数年後、約束通りに私は奥様のもとを訪ねました。

すると、あの小さかったお子様お二人が立派に成長されて、お母様を支えていらっしゃいました。

その姿を見て、あらためてご主人様の素晴らしい生き方と共に、家族のためを考えるお金の使い道の大切さを学びました。


この本の目的は、老後も安心して健康でイキイキと生活するために、資産をつくるお役に立つことです。

そのために不要な保険や支出は見直して、積立にまわして安定運用していくと老後も安心して迎えられると本書では繰り返しお伝えしてきました。

そして、老後は貯まった金融資産を引き続き運用し、その利回りで年金の不足分を補えると、資産を減らさずに100歳でも安心の人生を送れるはずです。

自分が安心で幸福であれば、他人にも優しくなれて幸福を分け与えて共に幸福になれます。

これからの超高齢化社会、老後も他人に喜びを与え合う、助け合う社会のお役に立てると幸いです。


人生は、いつどんなことが起こるかわかりません。

「今度」「またいつか」ではなく、「いますぐ」が大切です。

これまで、1200人の人生をお手伝いしてきた経験から強くお勧めしたいと思います。


最後に、このたび、3作目の著書を出版することができました。

今回もとても多くの方々からの学び、教え、支え、ご助言のおかげであり、あらためてご縁の大切さを実感しています。

この場を借りて、御礼を伝えたいと思います。


この本を含め、3作の著書の出版は全て、京都、銀座を中心に「やまとしぐさ伝承学」

を広められておられ、社員研修でもお世話になっている辻中公さんのおかげです。ご自身の著書を多数出版されている版元のごま書房新社編集部の大熊賢太郎さんをご紹介してくれたのがきっかけでした。

辻中さんには感謝しきれません。本当にありがとうございます。

また、帯の推薦文をくださった、バリ島の兄貴（丸尾孝俊さん）、ご多用の中、本当にありがとうございます。4回目の再会のため、必ずまたバリに行きます！

いつも貴重な情報を提供いただき、ご助言くださり、本作の資産運用の専門的アドバイスをくださった、FPL証券の中川浩会長、工藤好洋社長、本当にありがとうございました。

さらに、倫理法人会に導いていただいた新庄昇さん、いつも父のように応援し続けてくださる木谷昭郎さん、母のように応援してくださる森淳子さん、人間繁盛、商売繁昌を教えてくださった井本全海住職、夢現塾で夢を実現する生き方の手本を示してくださる井内良三さん、永田咲雄さん、水野元也さん、いつも楽しい時間をくださる志村保秀さん、いつも協力し助けてくださる上田健一郎さん、楠亀輝雄さん、はじめ滋賀県倫理法人会の役員の皆さん、福ふくゼミナール後継者実践塾の後藤敬一さん、大畠美香さん、編集協力の河西麻衣さん・・・この場に書ききれないのですが、本当に多くの皆さんに感謝しています。

もちろん、お客様、取引先様、当社を応援してくれている地域、全国の仲間のおかげで日々の私があります。感謝でいっぱいです。

いつも笑顔で一緒に働き助けてくれる社員のみんなもありがとう！

そして、私を生んでくれた両親、いつも支え続けてくれている妻の潤子、いつも応援し続けてくれている天国の妻の両親、いつも笑顔で元気をくれる3人の子どもたち。いつも本当にありがとう。なかなか家にいられませんが、父は必ず家族を幸せにすることをいつも一番に考えています。

まだまだ未熟でいたらない私ですが、もっともっと世のため人のためにお役に立てるように精進してまいります。

令和元年　七月吉日　京都駅の新幹線待合室にて。

能登　清文

・著者プロフィール

能登 清文（のと きよふみ）

1967年生まれ、滋賀県在住。株式会社クオリティライフ代表、ファイナンシャルプランナー CFP®、事業承継コンサルタント、100年企業クリエーター、保険代理店、証券仲介業経営。株式会社スリースター取締役、株式会社プランドゥ取締役、滋賀県倫理法人会 前会長（平成27～平成29年度）、チームびわ湖代表。

大学卒業後、一部上場企業キーエンスの生産管理、営業サポート部門で15年活躍。その後、ファイナンシャルプランナーを目指すためにアリコジャパンへ転職、持ち前の企画力で入社1年目より、MDRT（全世界の生命保険業界のトップセールス約1%が入会できる会員組織）入会を達成。その後、滋賀県にて独立起業し企業や経営者向けに「豊かな心、豊かな人生を創るための生涯のパートナーを目指し、生涯の安心を提供し続ける」を理念に事業承継や保険、資産運用のサポートをおこなっている。本業の傍ら、滋賀県倫理法人会の前会長職を務めるなど、多方面でその手腕を発揮している。また、その効果と斬新な内容が話題を呼び、講演依頼や全国の経営者からの相談も増え続けている。

著書に『人間繁盛、商売繁昌への7つの実践！』（ごま書房新社）ほか。

・株式会社クオリティライフ　※能登清文へのご相談や講師依頼もこちら
http://www.q-life.co.jp

「もう生涯安心！」の資産づくり
人生100年時代の
「新・ライフプランニング」

著　者	能登 清文
発行者	池田 雅行
発行所	株式会社 ごま書房新社 〒101-0031 東京都千代田区東神田1-5-5 マルキビル7F TEL 03-3865-8641（代） FAX 03-3865-8643
カバーデザイン	堀川 もと恵（@magimo創作所）
編集協力	河西 麻衣
印刷・製本	倉敷印刷株式会社

ISBN978-4-341-08742-5 C0034